Ilse Gutjahr · Erika Richter
Streicheleinheiten

Ilse Gutjahr
Erika Richter

# Streicheleinheiten

Von der Kunst, schmackhafte Brotaufstriche zu zaubern

emuverlag
ernährung
medizin
umwelt

... mit Tipps zum Brotbacken

gedruckt auf umweltfreundlich hergestelltem Papier (chlor- und säurefrei gebleicht).

ISBN 3-89189-063-X
9. Auflage 2003
© 1995 by emu-Verlags-GmbH, 56112 Lahnstein
Alle Rechte, auch die des auszugsweisen Nachdrucks, der fotomechanischen Wiedergabe und der Übersetzung vorbehalten.
Gesamtherstellung: Kösel, Kempten
Fotos: Stephan Geiger
Zeichnungen: Wolfgang Makosch (außer S. 2)

*Streich*

*streichen*

*bestreichen*

*streicheln*

*Streicheleinheiten*

# Inhaltsverzeichnis

| | |
|---|---|
| **Liebe Leserin, lieber Leser** .................................. | 9 |
| **BSE-Hysterie** ........................................................ | 13 |
| **Vom Umgang mit diesem Buch** ........................... | 15 |
| **Pikante Brotaufstriche von A–Z** .......................... | 19 |

| | | | |
|---|---|---|---|
| Apfelbutter Pikantus ......... | 20 | Knoblauchbutter ............ | 53 |
| Apfel-Zwiebel-Paste ......... | 21 | Kräutermandelbutter ....... | 54 |
| Avocado-Aufstrich ........... | 22 | Lauchbutter .................... | 55 |
| Avocado mit Oliven ......... | 23 | Linsenaufstrich ............... | 56 |
| Bärlauch-Aufstrich ........... | 24 | Linsen-Bratlinge .............. | 57 |
| Bohnencreme – pikant ..... | 25 | Linsenpaste ..................... | 58 |
| Cashew-Meerrettich-Aufstrich . | 26 | Linsen-Zwiebel-Aufstrich .... | 59 |
| Champignon-Aufstrich ...... | 28 | Liptauer Käse .................. | 61 |
| Champignonpaste ............ | 29 | Macadamia-Schnee .......... | 63 |
| Dilltöpfchen .................... | 31 | Maispüree ....................... | 64 |
| Erdnußaufstrich ............... | 32 | Majorantöpfchen ............. | 65 |
| Fantasia ......................... | 33 | Mandel-Paprika-Butter ...... | 67 |
| Feuerball ........................ | 35 | Meerrettichbutter ............ | 68 |
| Getreide-Gemüse-Aufstrich .... | 37 | Möhrenpastete ................ | 69 |
| Grüner Wikinger ............. | 38 | Olivenpaste ..................... | 72 |
| Kennen Sie die | | Paprikabutter .................. | 74 |
| Cholesterinlüge? ............. | 39 | Pfeffertopf ...................... | 76 |
| Grünkern-Aufstrich .......... | 41 | Pistazien-Aufstrich ........... | 77 |
| Grünkern-Buchweizen-Pastete . | 42 | Sellerie-Nußmus .............. | 80 |
| Grünkern-Curry-Creme ..... | 43 | Senf ................................ | 81 |
| Hafer-Meerrettich-Butter ..... | 44 | Senfsprossenaufstrich ....... | 82 |
| Hirseaufstrich oriental ...... | 45 | Sesambutter .................... | 83 |
| Ingwer-Schmakao ............ | 46 | Sonnenaufgang ................ | 84 |
| Hotpeppi ........................ | 49 | Tomaten-Möhren-Aufstrich ... | 85 |
| Käse-Aufstrich ................. | 50 | Vegetarische Leberwurst ..... | 86 |
| Kartoffelaufstrich ............ | 51 | Walnußbutter .................. | 87 |
| Kichererbsencreme .......... | 52 | | |

| | |
|---|---|
| **Süße Aufstriche** .................................................. | 89 |

| | | | |
|---|---|---|---|
| Marmeladen, Konfitüren, Gelees . | 91 | Erdbeeraufstrich .............. | 96 |
| Apfel-Bananen-Aufstrich ..... | 94 | Fruchtaufstrich ................ | 97 |
| Dattelcreme .................... | 95 | Früchte-Aufstrich mit Datteln .. | 98 |

| | |
|---|---|
| Honig-Aufstrich ............ 99 | Orangenaufstrich ........... 107 |
| Honig-Nuß-Butter .......... 100 | Pflaumenmus ............... 108 |
| Kakao-Creme ............... 101 | Sesam-Honig-Aufstrich ...... 109 |
| Kokosaufstrich ............. 102 | Südseetraum ............... 110 |
| Mandelhonig ............... 103 | Süleimans – Gaumenfreude ... 111 |
| Naschkatzenaufstrich ....... 104 | Tropica Fruchtzauber ....... 112 |
| Nougatcreme ............... 105 | Tunesische Dattelcreme ...... 113 |
| Nußcreme ................. 106 | |

**Was nützt der beste Aufstrich ohne gutes Brot** ............... 115

| | |
|---|---|
| Bauernbrot ................ 118 | Grünkern-Möhren-Brot ...... 126 |
| Dinkelbrötchen ............ 121 | Kartoffelbrot .............. 127 |
| Schnelles Dinkel- | Knäckebrot mit Sesam |
| Buchweizen-Brot ........... 122 | oder Mohn ................ 128 |
| Festtagsbrot ............... 123 | Mohnzöpfchen ............. 129 |
| Fladen mit Zwiebeln | Roggen-Weizen-Mischbrot .... 130 |
| oder Pilzen ................ 124 | Herstellung des Sauerteigs .... 131 |

**Der geheilte Patient** .................................... 133

# Liebe Leserin, lieber Leser,

leckere Aufstriche sind wahre Streicheleinheiten für's Gemüt. Wer möchte schon undefinierbare Vierfruchtmarmelade, klebrige Zuckeraufstriche, synthetische Sojapasten und anderen Wurstersatz aus den Industrielabors verzehren.

Der Verbraucher zuckt bei Gesundheitsratschlägen oft resigniert die Schulter, weil er gar nicht mehr weiß, wem und was er glauben soll. Klare und wahre Aufklärung fehlt. Im Rahmen der Europäischen Gemeinschaft werden in der Bundesrepublik immer mehr Imitate angeboten – zusätzlich zu denen, die unsere einheimischen Firmen ohnehin bereits herstellen und anpreisen. Margarine werden Sie zum Beispiel in diesem Buch vergeblich suchen, denn auch sie zählt zu den minderwertigen Imitaten. Light-Butter wird in den Rezepten ebenfalls nicht verwendet. Bei ihr ist nämlich die Hälfte des Milchfetts durch Wasser ersetzt. Der in die Irre geführte Verbraucher bezahlt also für „schnittfestes Wasser" den hohen Butterpreis. Seiner Gesundheit zuliebe achtet er außerdem auf Light-Getränke, Light-Wurst, Light-Käse, Light-Gerichte und anderen Unfug. Warum? Um sein Idealgewicht zu halten oder zu erreichen, das sich in Wahrheit natürlich mit derartiger industrieller Fehlernährung garantiert nicht einstellen wird. Weil ihm über Jahre eine überholte und dazu noch falsche Kalorienlehre auferlegt wurde. Weil ihm die Werbung vorgaukelte, ein schlanker Mensch sei gesund.

Liebe Leserin, lieber Leser, *kümmern Sie sich nie um Ihr Gewicht! Kümmern Sie sich aber stets um Ihre Gesundheit!* (Dr. M. O. Bruker) Dann stellt sich das *für Sie* richtige Gewicht von selbst ein.

Wenn Sie Rezepte und Kochbücher mit Kalorienangaben lesen, können Sie die Empfehlungen getrost ungelesen ablegen. Sie ersparen sich damit die Auseinandersetzung mit der alten, etablierten Ernährungslehre, die über Jahrzehnte wortführend von der Deutschen Gesellschaft für Ernährung (DGE) vertreten wurde und ganze Bevölkerungsgruppen, leider aber auch Ärzte, in die Irre geführt hat.

*Kalorienlehre einseitig und überholt?*

Jawohl. Mit der Bezeichnung Kalorie (von lat. calor = Wärme) wird die Wärmemenge ausgedrückt, die die Temperatur von 1 Gramm Wasser von 14,5 auf 15,5 Grad Celsius erhöht. Verbrennt man Nahrung (und Kot und Urin) im Kalorimeter im Labor, um die physikalischen und physiologischen Brennwerte zu ermitteln, geht man stillschweigend davon aus, daß im lebendigen Organismus ähnliche Stoffwechselvorgänge ablaufen. Dies ist aber eine zu einseitige Betrachtungsweise und trifft die Komplexheit der physiologischen Vorgänge nicht. Bei jeder Verbrennung handelt es sich um Oxidation, also um eine Verbindung von Material mit Sauerstoff. Im Körper findet die Verbrennung der Nahrung jedoch nicht bis zur Erhitzung wie beim Feuer statt, sondern es handelt sich um Erwärmung im Bereich der Körpertemperaturen.

Jeder Mensch hat, seinem Typ entsprechend, einen anderen Nährstoffbedarf. Da gibt es selbstverständlich Dünne, die sehr viel essen können, ohne dick zu werden, und es gibt Pykniker, die man als gute Futterverwerter bezeichnen kann. Sie legen quasi schon beim Anblick einer leckeren Speise an Gewicht zu. Der eine bevorzugt mehr kohlenhydrathaltige Lebensmittel, der andere mehr fette Gerichte und der Dritte eiweißhaltige Nahrungsmittel. All dies wird von den Vertretern der Kalorienlehre nicht beachtet. Die Qualität der Nahrung wird ebenfalls nicht berücksichtigt, sondern lediglich die Quantität. Von dem durch die unsinnige Kalorienlehre untermauerten Schlankheitswahn profitiert die gesamte Nahrungsmittelindustrie.

### Kein tierisches Eiweiß – was nun?

Ein Großteil der Bevölkerung dürfte aus medizinischen Gründen weder Milch, Joghurt, Quark, Käse, Fleisch, Wurst, Fisch und Eier essen. Dies betrifft besonders Menschen, die an sogenannten Allergien leiden, an Neurodermitis, Erkrankungen des Bewegungsapparates – also Arthritis, Arthrose, Ischias, Bandscheibenschäden, Osteoporose, Rheuma –, an Asthma und ständiger Infektanfälligkeit, Arteriosklerose u. a. m.

Es ist ohnehin sinnvoll, den viel zu hohen Verzehr an tierischem Eiweiß zu drosseln, denn unsere Generation ißt etwa neunmal mehr Fleisch, Wurst, Milch, Käse usw. als unsere Vorfahren vor hundert Jahren. Außerdem sollte die ethische Frage bedacht werden. Der Mensch ist von der Schöpfung sicher nicht so geplant, daß er seine Mitgeschöpfe ausbeuten und töten muß, um selbst überleben zu können. George Bernard Shaw sagte: "Tiere sind meine Freunde. Meine Freunde esse ich nicht."

Alle pflanzlichen Eiweiße enthalten alle essentiellen Aminosäuren. Das pflanzliche Eiweiß ist dem tierischen überlegen. Es ist vollwertig. Nachweislich führt ein Zuviel an tierischem Eiweiß zu den sogenannten Eiweißspeicherkrankheiten. Beim Verzehr von Pflanzen gibt es diese Krankheiten nicht, es sei denn, man stellt aus ihnen Eiweißkonzentrate her, wie es bei der Ausbeute der Sojabohne geschieht. Gesundheitliche Beeinträchtigungen durch den Verzehr von Sojaprodukten beobachtete der Internist Dr. M. O. Bruker seit Jahren zum Beispiel bei Patienten, die an Hautekzemen leiden (sogenannter Neurodermitis). Streichen die Betroffenen Sojamilch, Sojapräparate und andere Konzentrate sowie tierisches Eiweiß aus ihrem Speiseplan, bessert sich die Haut sichtbar.

Außerdem, und das gilt für alle Fleischesser, nehmen wir das Fleisch in denaturierter (entnatürlichter) Form zu uns, d.h. wir kochen es. Dabei „zerkochen" wir, spätestens bei Temperaturen oberhalb von 43 Grad, das Eiweiß. Katzenfütterungen ergaben, so fanden die amerikanischen Forscher Pottenger und Simonson heraus, daß unsere süßen Miezen, wenn man sie, statt mit rohem Fleisch, nur mit gekochtem Fleisch füttert, degenerieren. Von der dritten Generation an überstand keine Katze mehr den sechsten Lebensmonat.

Den gleichen Wertverlust wie das gekochte Fleisch erleidet auch die pasteurisierte, vor allem aber die ultrahocherhitzte H-Milch. Sie ist, um ein Wort Dr. M.O. Brukers zu gebrauchen, eine Leiche, die man sicherheitshalber noch einmal erschossen hat. Aber die gewaltige Milchindustrie und ihre Lobby reden uns Verbrauchern ein, die Frühstücks- und Pausenmilch sei gerade für unsere Kinder gesund. Sie warnen mit ausgemachter Bakterien-Hysterie vor der angeblich gefährlichen Rohmilch des Bio-Bauern (Escherichia-Coli und Listerien). Verständlich, denn jeder gekaufte Liter Rohmilch schmälert den Absatz der minderwertigen H-Milch. Daß wir das Calcium für die Knochen über die Milch zu uns nehmen müssen, ist eine weitere geschickte Marketinglüge. Selbstverständlich ist das Knochenwunder Calcium, das der Knochenschwundkrankheit Osteoporose vorbeugt, in jedem Apfel, jeder Getreideart, jeder Gurkenscheibe und jedem beliebigen anderen Gemüse reichlich enthalten (vgl. dazu Dr. M.O. Bruker/ Dr. M. Jung „Der Murks mit der Milch" und Dr. M.O. Bruker/Ilse Gutjahr „Osteoporose – Dichtung und Wahrheit").

Wird also der Ratschlag gegeben, das tierische Eiweiß einzuschränken oder ganz darauf zu verzichten, herrscht große Unsicherheit bei den Betroffenen, begleitet von dem Ausruf: „Ja, was soll ich denn dann noch essen? Da bleibt ja überhaupt nichts übrig!"

Keine Bange! Es bleibt nicht nur genug übrig, sondern das, was zunächst als Einschränkung empfunden wurde, entpuppt sich als lukullische Köstlichkeit, als interessantes Aufstrich-Abenteuer.

In unserem Gesundheitszentrum, im „Dr.-Max-Otto-Bruker-Haus" in Lahnstein, werden ganzjährig interessierte Menschen unter ärztlicher Leitung zu Gesundheitsberatern GGB ausgebildet. Es werden außerdem Selbstfindungsseminare, Lebensberatung und Einzelgespräche von ausgebildeten Psychotherapeuten angeboten. In diesem „Haus der Lebenshilfe" gibt es natürlich auch Kochkurse. Ständig werden dort neue Rezepte ausprobiert. Wenn sie gut gelungen sind, bringen wir sie zu Papier, um auch andere Menschen damit zu erfreuen. Haben Sie eine schmackhafte Idee?

Schreiben Sie uns. Oder noch besser: Kommen Sie doch einfach mal vorbei. Machen Sie bei uns Urlaub! Es wird Ihnen in unserem Hause an Leib und Seele gut gehen.

Halva, unsere Neufundländer-Hündin, und Otto, unser Kater, freuen sich ebenfalls auf Sie. Sie sind echte Vollwertgeschöpfe und können Ihnen – falls Sie selbst Tiere haben – einiges über das Geheimnis gesunder Ernährung von Hund und Katz verraten.

*Das versprechen Ihnen*
*Ilse Gutjahr*
*Erika Richter*

---

*Nero fragt Seneca:*
*„Woher kommen die vielen Krankheiten?"*
*„Herr, zähle die Köche."*

# BSE-Hysterie

**BSE = Bovine Spongiforme Encephalopathie**

Während die 7. Auflage dieses Buches überarbeitet wird, schlägt die BSE-Hysterie in den Medien hohe Wellen. Ja, Sie haben richtig gelesen: Hysterie! Millionen Tiere werden „vernichtet" auf Grund einer Spekulation, einer Hypothese. Man behauptet, die Rinderseuche entstehe durch einen Virus, ausgelöst durch die Verfütterung von Kadavermehl. Dies ist jedoch lediglich eine Annahme und kein Beweis. Das Virus wurde bis heute nicht entdeckt!

Natürlich ist es ein Skandal und abartig, an pflanzenfressende Tiere Kadavermehl (Tierleichenmehl) zu verfüttern. Diese kannibalische Tiermast ist zu verurteilen. Es gibt jedoch Aussagen von seriösen, ernst zu nehmenden Wissenschaftlern, die plausibel erklären, daß das Auftreten von BSE in der „modernen Rinderzucht" zu suchen sei, daß BSE also eine Erbkrankheit unter Rindern sei – analog zu genetischen Defekten, die sich epidemieartig vermehren können.

Jedoch eine solche logische Erklärung beschert profilierungssüchtigen Wissenschaftlern keinen Ruhm, denn Erbkrankheiten bei Tieren stehen nicht im Verdacht, auf den Menschen überzuspringen.

Prof. Roland Scholz aus Gauting übt Kritik an der o. g. leichtfertigen Hypothesenbildung. In einer Diskussion wurde ihm daraufhin gesagt: „Wenn das stimmt, dann hätten sich sehr viele sehr blamiert. Und deshalb haben Sie nicht Recht." Wer seine ausführlichen Ausführungen lesen möchte, kann sie beim emu-Vertrieb, Lahnstein für eine Schutzgebühr anfordern.

Essen Sie also im Rahmen einer vitalstoffreichen Vollwertkost weiterhin Butter und Sahne. Sie brauchen dabei keine Angst vor BSE zu haben. Achten Sie beim Kauf der Butter auf Qualität (Deutsche Markenbutter, wenn möglich aus biologischer Produktion), da über die EU von 1997–1999 „gepanschte" Butter auch nach Deutschland gelangte (in die verarbeitende Industrie).

Im Übrigen teilte uns ein leitender Molkereifachmann mit: „Milchdrüsen produzieren Milch aus Stoffen, die im Blut enthalten sind. BSE spielt sich nicht im Blut ab, sondern im Gehirn. Prionen können bei Milchkühen die Membran der Milchdrüsenzellen nicht passieren. Sie gelangen daher gar nicht in die Milch und somit auch nicht in Butter, Sahne, Käse usw."

Lassen Sie sich also nicht verunsichern, sondern klären Sie sich (und andere) über die wahren Zusammenhänge auf!!!

*Lahnstein, Januar 2001*                                                                 *Ilse Gutjahr*

PS: Inzwischen ist es still geworden um BSE. Die Marktbereinigung hat stattgefunden. Im Augenblick gibt es dafür einen Hormonskandal in der Schweinefütterung. Das nächste Tier- und Ernährungsverbrechen kommt bestimmt!                                                                                  *Lahnstein, Juli 2002*

*Die größte Zahl der Menschen
stirbt keines natürlichen Todes,
sondern mordet sich selbst
durch eine verkehrte Lebensweise.*

Seneca

# Vom Umgang mit diesem Buch

Wir haben uns bemüht, die Zubereitung der Rezepte so unkompliziert wie möglich zu erläutern. Einige Gewürze mögen Ihnen unbekannt sein. Sie bekommen sie im Reformhaus oder Naturkostladen. Wer einen eigenen Kräutergarten hat, kann mit Liebstöckl, Thymian, Majoran, Salbei, Minze, Zitronenmelisse, Petersilie, Dill, Schnittlauch, Basilikum – um nur einige der zahlreichen Kräuter zu nennen – jederzeit eine Geschmacksvielfalt herbeizaubern, die immer wieder überrascht.

*Anbrennen von Speisen*

Manche Gerichte sollen auf abgeschalteter Herdplatte ausquellen und neigen dazu, sich am Topfboden festzusetzen. Das läßt sich vermeiden, indem Sie den Topfdeckel umgedreht auf den Topf legen und mit kaltem Wasser füllen.

*Butter*

Bei den meisten Rezepten wird empfohlen, die Butter schaumig zu schlagen. Bei geringen Mengenangaben ist dies oft schwierig. Wir empfehlen, eine ganze Packung (also 250 g) aufzuschlagen und nur den im Rezept angegebenen Teil zu verarbeiten. Der „neutrale" Rest kann so serviert werden.

*Tip:*

Butter sollte Zimmertemperatur haben. Dann läßt sie sich leicht mit dem Mixer oder Sahnequirl schaumig rühren.

*Gemüsebrühe*

Wir verwenden in unserer Lehrküche in Lahnstein keine „Fertigbrühe" oder gekörnte Suppenwürze, gleichgültig, welche Firma sie anbietet.

Wir stellen Gemüsebrühe her, wie es zu Großmutters Zeiten üblich war.

Alle Reste von Gemüsen, die keine Verwendung mehr finden, gibt man in reichlich kochendes Wasser zusammen mit Lorbeerblättern (je nach Gemüsemenge genügen 1–2 Blätter), Nelken, Chili sowie einigen Wacholderbeeren.

Diese Brühe kann mehrere Stunden köcheln. Gemüse kann immer nachgelegt werden.

Danach durch ein Sieb gießen. Die Brühe ist im Kühlschrank etwa zwei Tage haltbar. Es empfiehlt sich, sie portionsweise einzufrieren.

Geeignet für alle würzigen Suppen, Soßen und Gerichte.

Sie können sie auch einmal als „klare Gemüsebrühe" servieren. Dann mit Pfeffer und Salz abschmecken, etwas Öl und frisch gehackte Kräuter (z. B. Petersilie, Maggikraut, Schnittlauchröllchen) hinzugeben.

Bei der Zubereitung von Aufstrichen und pikanten Speisen ist die Verwendung von Gemüsebrühe (statt Wasser) zu empfehlen. Die Gerichte schmecken dann intensiver und deutlich besser.

*Haltbarkeit*

Alle Aufstriche sind im Kühlschrank mindestens drei Tage haltbar. Sie sollten in einem Schraubglas oder einer Frischhaltedose verwahrt werden.

*Honig*

Wir verwenden neutral schmeckenden Honig. Akazienhonig, Rapshonig, Kleehonig sind zum Beispiel gut geeignet. Waldhonig, Heidehonig, Lavendelhonig oder andere intensiv schmeckende Sorten sind nicht zum Backen oder Süßen zu empfehlen.

*Kakao*

Einige süße Brotaufstriche wurden mit Kakao hergestellt. Selbstverständlich kann statt dessen auch Karobe verwendet werden, ein kakaoähnliches Pulver aus Johannisbrot.

*Kräuter*

Auf die Vorteile eines Kräutergartens haben wir hingewiesen. Werden Trockenkräuter genommen, sollten Sie diese in der hohlen Hand kräftig zerreiben, bevor sie in die Speisen gegeben werden. Das Aroma wird dadurch besser freigesetzt.

*Mehl*

Als Mehl verwenden wir grundsätzlich für Brote, alle Gebäcke, Soßen und andere Mehlspeisen frisch gemahlenes Vollkornmehl.

*Öl*

Wenn in den Rezepten „Öl" steht, ist immer naturbelassenes, unraffiniertes sogenanntes kaltgepreßtes Öl gemeint.

*Salz*

Salz zählt nicht zu den Gewürzen. Aber als Abrundung gibt es vielen Gerichten Pfiff. *Verwenden Sie auf keinen Fall jodiertes Salz*, auch wenn Ihnen die Befürworter die Vorteile aufzählen. Der Dauergebrauch von jodiertem Salz ist gesundheitlich nachteilig. Nähere Informationen darüber erhalten Sie bei der Gesellschaft für Gesundheitsberatung GGB, 56112 Lahnstein. Achten Sie darauf, daß man Ihre täglichen Nahrungsmittel nicht zu Medikamententrägern macht!

Verwenden Sie in Ihrer Küche das, was wir hier in Lahnstein auch nehmen: Meersalz, Vollmeersalz, Steinsalz oder Kräutersalz, *das nicht jodiert wurde.*

*Das Mahlen von Hülsenfrüchten ...*

für bestimmte Aufstriche, Soßen und Suppen gelingt hervorragend mit einer Getreidemühle, die mit einem Stahlmahlwerk ausgerüstet ist.

*Tip:*

Aufstriche, die rasch verzehrt werden, in kühlem Raum lagern (nicht im Kühlschrank!). Aroma und Streichfähigkeit gehen dann nicht verloren!

*Abkürzungen*

BD = Bund  
EL = Eßlöffel  
TL = Teelöffel  
MS = Messerspitze  
PR = Prise  
Alle Rezepte sind für 4–6 Personen berechnet

*Die Ernährungsfrage ist ein einziges, großes Wunder und erzwingt ein stetes Sichwundern.*
*Für den naiven Laien die natürlichste Sache von der Welt, verbirgt sie für den Naturforscher die letzten Lebensrätsel.*

                                          C. L. Schleich

# Pikante Brotaufstriche von A–Z

# Apfelbutter Pikantus

*Zutaten:*
|  |  |  |
|---|---|---|
|  | 250 g | Butter |
|  | 2 EL | Öl zum Anbraten der Zwiebeln und Äpfeln |
|  | 150 g | saure Äpfel (z. B. Boskop) |
|  | 200 g | Zwiebeln |
|  | 1 | gestrichenen TL Vollmeersalz |
|  | 1 | gestrichenen TL Kräutersalz |
|  | 1 TL | Paprikapulver, edelsüß |
|  | 1 TL | Curry |
|  | 1 MS | Schabzigerklee |
|  |  | Pfeffer frisch aus der Mühle |
|  | 1 | Banane |
|  |  | evtl. 1 Avocado zum Garnieren |

*Zubereitung:*

Gewürfelte Zwiebeln in einer Pfanne anbraten (die Spitzen der Zwiebeln sollten goldgelb sein), die kleingeschnittenen Apfelstückchen hinzufügen und mitbraten. Wenn die Zwiebel-Apfelmasse etwas abgekühlt ist, Vollmeersalz, Curry und Paprikapulver einrühren. Die gesamte Masse erkalten lassen.

Butter schaumig rühren, Kräutersalz, Schabzigerklee, Pfeffer frisch aus der Mühle und die erkaltete Zwiebel-Apfelmasse dazugeben, alle Zutaten gut vermischen und nochmals abschmecken. Der Aufstrich sollte pikant sein.

Banane in Scheiben schneiden, wie eine Blume auf einem Teller anrichten, den Aufstrich darauf geben und mit Petersilie und Avocadostreifen garnieren.

Den Aufstrich auf Brot oder Brötchen auftragen, mit Bananenscheiben belegen. Es schmeckt sehr gut! Bitte mal probieren.

*Rezeptidee: Veronika Gerz*

# Apfel-Zwiebel-Paste

*Zutaten:* 100 g Butter
1 kl. Apfel
1 Zwiebel, mittelgroß
10 Haselnüsse
20 g Butter

*Gewürze:* 1/2 TL scharfer Senf
1 MS Salz
1 TL Paprika, süß

*Zubereitung:*

Butter schaumig schlagen. Apfel und Zwiebel klein schneiden und in 20 g Butter dünsten, danach mit fein gemahlenen Haselnüssen pürieren.
 Alle Zutaten mit der Butter vermischen. Würzig abschmecken.

*Haltbarkeit:*

Im Kühlschrank etwa eine Woche

# Avocado-Aufstrich

*Zutaten:*   150 g   Gorgonzola
 1   gereifte Avocado

*Gewürze:*   1 MS  Salz
 1 MS  frisch gemahlener schwarzer Pfeffer
 1 EL  Zitronensaft

Geschälte Avocado und Gorgonzola pürieren. Mit den Gewürzen abschmecken.

# Avocado mit Oliven

*Zutaten:*  
| | | |
|---|---|---|
| | 1 | Avocado (ca. 250 g) |
| | 100 g | eingelegte Gürkchen ⎫ |
| | | mittelscharfe Peperoni ⎬ zu gleichen Teilen gemischt |
| | | schwarze Oliven ⎭ |
| | 1 EL | Zitronensaft |
| | 1/2 TL | Vollmeersalz |
| | 2 | schwarze Oliven |
| | | Petersilie |

*Zubereitung:*

Reife Avocado (allseitig weich) der Länge nach halbieren, Kern herausnehmen. Fruchtfleisch mit Teelöffel herauslösen, Schalenhälften beiseite legen. Zitronensaft über Fruchtfleisch träufeln, Salz dazugeben, alles mit der Gabel fein zerdrücken. Gürkchen, Peperoni, Oliven sehr fein schneiden und unter die Avocado mischen.

Fertigen Aufstrich in die Avocadoschalen füllen, mit Petersilie und je einer schwarzen Olive garnieren. Kühl servieren.

*Tip:*

Avocado würfeln oder in Scheiben schneiden und Salaten beigeben (z. B. Tomatensalat, Gurkensalat, Blattsalat).

Avocado als Brotbelag, mit Pfeffer und Kräutersalz bestreut, ist eine Delikatesse.

*Wußten Sie, daß…*

*Avocadobäume* unter anderem in Südamerika, Kalifornien, Israel, Guatemala, aber auch in Mittelmeerländern wachsen und über 20 m hoch werden? Pflanzen Sie den Kern doch einmal in einen Blumentopf und fassen Sie sich in Geduld. Bei günstigen klimatischen Bedingungen entwickelt sich eine anmutige Blattpflanze, die Ihnen bald über den Kopf wächst.

# Bärlauch-Aufstrich

*Zutaten:*  125 g   Butter
 55 g   Bärlauch
 1 MS   Picata
 1/2 TL  Vollmeersalz

*Zubereitung:*

Butter schaumig schlagen.

Bärlauch pürieren oder sehr fein schneiden, mit den Gewürzen unter die aufgeschlagene Butter mischen. Der Aufstrich sollte kräftig schmecken, evtl. noch etwas nachsalzen.

# Bohnencreme – pikant

*Zutaten:*  100 g   Bohnen
250 g   Gemüsebrühe
20 g    Haselnüsse
100 g   Butter
2 EL    saure Sahne oder Schmand
1 EL    Olivenöl

*Gewürze:*  2       Knoblauchzehen
1/2     Zitrone (Saft)
1/2 TL  frisch gemahlener Pfeffer
1/4     Peperoni klein schneiden
1/2 TL  Vollmeersalz
1 TL    frisches Bohnenkraut
5–6     schwarze Oliven

*Zubereitung:*

Die Bohnen in Gemüsebrühe gar kochen, so daß sie sich zwischen den Fingern zerdrücken lassen. Garzeit ist kürzer, wenn sie über Nacht in Wasser eingeweicht werden.

Bohnen pürieren. Haselnüsse fein mahlen und mit der sehr klein geschnittenen Knoblauchzehe und allen anderen Zutaten unter das Bohnenmus rühren.

Pikant abschmecken und mit Oliven garnieren.

# Cashew-Meerrettich-Aufstrich

*Zutaten:*  125 g  Butter
125 g  Cashewkerne
Meerrettich nach Geschmack,
frisch oder aus dem Glas

*Gewürze nach Geschmack:*

Senf
Zwiebeln, sehr fein geschnitten
Schnittlauch
Petersilie
Sellerieblätter
Kräutersalz
Pfeffer

*Zubereitung:*

Butter schaumig schlagen. Cashewkerne fein mahlen, mit Butter und Meerrettich vermengen. Pikant abschmecken.

*Achtung!*

Den Meerrettich nach Geschmack beigeben. Bei frisch geriebener Meerrettichwurzel genügt eventuell 1 Teelöffel voll. Meerrettich aus dem Glas hat seine Schärfe durch die Erhitzung eingebüßt, so daß Sie davon mehr verwenden können.

*Wußten Sie, daß…*

*Meerrettich* ursprünglich wohl „größerer" – also mehr – Rettich (Mehr-Rettich) heißen sollte? Vermutlich wegen seiner Schärfe. Er wurde dann umgedeutet zum Meerrettich, zum Rettich, der übers Meer gekommen ist. Ursprünglich beheimatet in Süd-Ost-Europa und West-Asien, ist er inzwischen weltweit verbreitet. Wenn er im Garten seinen richtigen Standort gefunden hat, bleibt er auf Jahre ein treuer und pflegeleichter Genosse.

Der Stoff, der uns beim Reiben der Wurzel die Tränen in die Augen treibt, ist das Allylsenföl. Meerrettich wird im Volksmund unter anderem auch als Bauernsenf, Kren und Rachenputzer bezeichnet. Als altes Volksheilmittel wurde er früher bei außerordentlich vielen Beschwerden empfohlen, unter anderem bei Entzündungen der Harnwege und der Atmungsorgane, Störungen der Verdauungsorgane. Er gilt als „Penicillin" aus dem Garten, da er entzündungshemmend wirkt.

Holen wir den Meerrettich also wieder in die Küche. Neue Kartoffeln mit Meerrettich-Sahne-Soße sind ein Genuß.

Salatsoßen erhalten mit einer Spur frisch geriebenem Meerrettich eine besondere Note.

Meerrettich, mit geriebenem Apfel und geschlagener Sahne gemischt, schmeckt lecker als Brotaufstrich und als würzige Beilage zu Bratlingen.

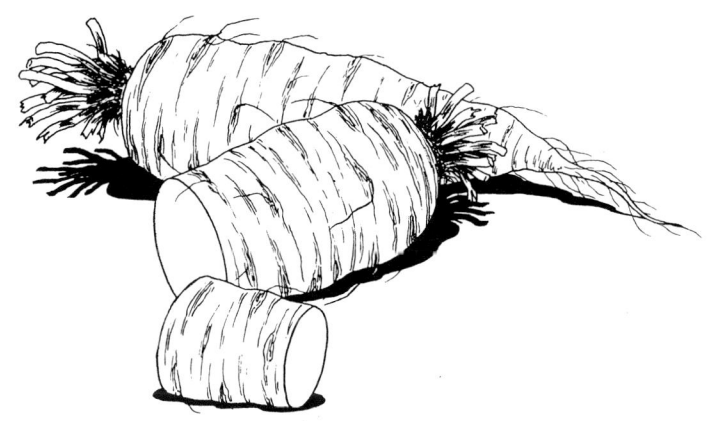

# Champignon-Aufstrich

*Zutaten:*
- 150 g Butter
- 100 g Champignons
- 1 kleine Zwiebel
- 1 große Knoblauchzehe pressen bzw. sehr fein schneiden
- 2 TL Zitronensaft
- Salz
- Pfeffer oder
- 1 cm Peperoni, sehr fein geschnitten
- 1 EL Petersilie

*Zubereitung:*

Butter mindestens 1/4 Stunde cremig schlagen. Zwiebel sehr klein schneiden und in wenig Butter goldgelb dünsten. Champignons sehr fein schneiden. Alle Zutaten miteinander gut vermengen, pikant abschmecken.

*Tip:*

Champignons werden nicht gewaschen!
Eventuelle Verunreinigungen mit einem Kuchenpinsel bzw. Pilzbürste entfernen.

# Champignonpaste

*Zutaten:*  200 g   Champignons
100 g   Reis, ungeschält
50 g    Kartoffeln, in der Schale gekocht, gepellt
2       Zwiebeln, mittelgroß
2 EL    Öl
200 g   Wasser oder Gemüsebrühe

*Gewürze nach Geschmack:*

1 1/2 EL   Hefeflocken
2 TL       Kräutersalz
1 cm       Peperoni, fein geschnitten
1/2 TL     Majoran
1 MS       Bockshornklee
1 MS       Picata
1 TL       gehackte Sellerieblättchen
1 MS       schwarzer Pfeffer
3 EL       Schnittlauchröllchen
1 MS       Curry
1 TL       Zitronensaft

*Zubereitung:*

Reis in Wasser oder Gemüsebrühe unter ständigem Rühren 5–10 Minuten kochen und 15 Minuten ausquellen lassen. Champignons in Scheiben schneiden und in Öl anbraten. Zwiebeln in große Stücke schneiden, zu den Champignons geben, mit andünsten. Alle Zutaten pürieren, deftig abschmecken. Die Masse abkühlen lassen.

*Tip:*

Einige Pilze von Stiel und Lamellen befreien. Aufstrich in Champignon-Köpfchen servieren.

*Wußten Sie, daß…*

Reis körnig bleibt, wenn Sie ihn während des Kochens und Ausquellens nicht umrühren? Beim Umrühren wird das Korn verletzt, die Stärke tritt aus und „verkleistert" den Reis. Falls Sie während des Kochvorgangs prüfen wollen, wieviel Wasser noch im Topf ist, schieben Sie mit einem flachen Kochlöffel den Reis am Topfrand vorsichtig zur Seite, so daß Sie den Boden sehen können.

# Dilltöpfchen

*Zutaten:* 200 g Butter
4 EL Schnittlauch
2 Bund Dill
2 MS Paprikapulver
4 MS Picata
1 TL Kräutersalz

*Zubereitung:*

Butter schaumig schlagen. Schnittlauch in feine Röllchen schneiden, Dill fein schneiden und mit Paprikapulver, Picata und Kräutersalz in die Butter rühren. Nochmals kräftig abschmecken.

# Erdnußaufstrich

| Zutaten: | 125 g | Butter |
|---|---|---|
| | 100 g | Erdnüsse |
| | 1 | Zwiebel, mittelgroß |
| | 1 TL | Senf |
| | | Meerrettich nach Geschmack |

*Gewürze:* Schnittlauch
Petersilie
Sellerieblätter
Chili
Bockshornklee
Pfeffer
Kräutersalz

*Zubereitung:*

Butter schaumig schlagen. Zwiebel sehr fein schneiden. Erdnüsse in Pfanne rösten, danach fein mahlen.
   Alle Zutaten vermischen und pikant abschmecken.

# Fantasia

*Zutaten:* 
- 200 g Frischkäse
- 1 TL Kapern
- 1 TL Oliven
- 1 EL rote spanische Zwiebel
- 1/2 TL grüne Pfefferkörner zerstoßen
- 1 EL saure Gewürzgürkchen
- 1 EL Dill
- 1 EL Schnittlauch
- 1 EL Paprikaschote, rot und grün
- 1 EL Petersilie
- 1 EL Kümmel, gemahlen
- 1 EL Zwiebel

*Zubereitung:*

Alle Zutaten sehr fein schneiden und mit dem Käse zu einer homogenen Masse verarbeiten.

*Meine Erfahrung als Arzt
hat mich gelehrt,
daß die Ernährungsschädigung
der unsichtbarste, aber gefährlichste unter allen
Feinden der Menschheit ist.
Deshalb verlangt mein ärztliches Gewissen
von mir, daß ich diesen Feind bis zu meinem
letzten Atemzug bekämpfe.*

Max Bircher-Benner

# Feuerball

*Zutaten:*  
    1/8 l    Gemüsebrühe (oder Wasser)  
    1 MS   Vollmeersalz  
    35 g    Butter  
    75 g    Weizenvollkornmehl  
              Tomatenmark

*Zubereitung:*

Flüssigkeit mit Salz und Butter aufkochen, von der Kochstelle nehmen und das fein gemahlene Vollkornmehl auf einmal hineinschütten. Dann alles rasch zusammenrühren, bis die Masse sich als Kloß geformt hat.

Abkühlen lassen. Den abgekühlten Brandteig mit Tomatenmark sättigen, bis der Teig rot ist.

    125 g   Butter schaumig schlagen  
    1 TL    Paprikapulver  
              einige Tropfen Worcester-Sauce  
    1/2     Peperoni, sehr fein geschnitten  
              Kräutersalz

Den Teig, die Butter und alle Zutaten gut vermischen, nochmals abschmecken. Der Aufstrich sollte kräftig schmecken.

*Tip:*

Dieser Aufstrich (auch einige andere pikante) läßt sich gut einfrieren. Er verliert dann allerdings an Aroma und muß eventuell nachgewürzt werden.

*Rezeptidee: Veronika Gerz*

*Grünkern-Aufstrich* *Rezept S. 41*

# Getreide-Gemüse-Aufstrich

| Zutaten: | 60 g | Grünkern |
|---|---|---|
| | 120 g | Gemüsebrühe |
| | 1/2 | Zwiebel |
| | 1 EL | Öl |
| | 40 g | Mohrrüben |
| | 40 g | Sellerie |
| | 40 g | Lauch |
| | 60 g | Butter |
| Gewürze: | 1 | Knoblauchzehe |
| | 1 TL | Senf |
| | | Salz |
| | | Pfeffer |
| | | Muskat |
| | | Paprika |
| | | Petersilie |
| | | Schnittlauch |

*Zubereitung:*

Grünkern fein schroten. Zwiebel in feine Würfel schneiden, in Öl anschwitzen. Grünkernschrot dazugeben und mit Gemüsebrühe aufgießen. Unter Umrühren aufkochen. Bei abgeschalteter Herdplatte ausquellen lassen.

Während des Quellvorgangs Gemüse putzen und fein raspeln. Petersilie und Schnittlauch fein schneiden.

Wenn die fertig ausgequollene Getreidemasse lauwarm abgekühlt ist, die schaumig geschlagene Butter einrühren. Gemüse zur Grünkernmasse geben. Mit Kräutern und Gewürzen abschmecken.

# Grüner Wikinger

*Zutaten:*

| | | |
|---|---|---|
| | 50 g | Dinkel |
| | 30 g | Grünkern |
| | 30 g | Butter |
| | 1 | Zwiebel |
| | 1/4 l | Gemüsebrühe |
| | 2–3 cm | Porreestange (helle Teile, sehr fein geschnitten) |
| | 125 g | Butter, schaumig aufgeschlagen |

*Gewürze:*

Vollmeersalz
Pfeffer
reichlich Majoran
etwas Basilikum
Tymian
Liebstöckel
Schabzigerklee

*Zubereitung:*

Getreide mittelgrob schroten, Zwiebel fein schneiden und in Butter andünsten. Das Getreide dazugeben, mit der Gemüsebrühe aufgießen. Dabei ständig rühren, gut aufkochen und mit Salz und Pfeffer würzen, 15 Minuten ausquellen lassen. In die ausgekühlte Masse alle Gewürze, den Porree und die aufgeschlagene Butter geben und untermischen. Abschmecken. Eventuell nachwürzen.

# Kennen Sie die Cholesterinlüge?

*Cholesterin – ein lebensnotwendiger Stoff*

Da wir in diesem Buch selbstverständlich – wie zu Großmutters Zeiten – Butter verwenden, sei an dieser Stelle das zu Unrecht angeprangerte Cholesterin erwähnt. Cholesterin ist ein lebensnotwendiger Stoff. Es verursacht keinen Herzinfarkt. Fett macht nicht fett (Fett) und auch keinen Infarkt. Die sogenannte Wissenschaft hält jedoch gußeisern an der längst widerlegten Fett-Theorie fest und an der Cholesterin-Hysterie, weil man aus der Angst des Verbrauchers wirtschaftlichen Nutzen ziehen kann.

Der Körper produziert täglich etwa 1000 mg Cholesterin. Er verläßt sich nicht darauf, daß es ihm mit der Nahrung zugeführt wird. Zahlreiche Einflüsse – Ernährung, Krankheit, Streß, Schwangerschaft – bewirken Schwankungen des Cholesterinspiegels. Ein einheitlicher Wert, wie er von seiten der etablierten Wissenschaft gefordert wird, läßt sich daher gar nicht festlegen. Es gibt bisher keine Studie, die beweist, daß Cholesterin ursächlich am Herzinfarkt beteiligt ist. Seit Jahrzehnten wird behauptet, der Herzinfarkt sei unter anderem durch zu hohen Fettverzehr verursacht, ohne daß zwischen den Fettarten, z. B. Butter und minderwertiger Margarine, differenziert wird. Obwohl der Butterverzehr rückläufig ist, Margarine, Schweineschmalz, fettreiche Wurst, fettreicher Käse nur noch auf's Brot gekratzt werden, obwohl Light-Produkte leider noch immer „in" sind und die Bundesbürger jährlich für rund 1 Milliarde € Lipidsenker schlucken, steht der Herzinfarkt nach wie vor in der Todesstatistik an erster Stelle.

Der Streit „Butter oder Margarine?" wurde einzig und allein von der Margarine-Industrie angezettelt, um die Butter aus dem Feld zu schlagen. Das darf doch wohl nicht wahr sein, meinen Sie? Und ob. Dazu braucht man nur einen (oder mehrere) Professor(en), der seinen Namen zur Verfügung stellt und (gefälschte) Statistiken vorlegt, die diese These „wissenschaftlich" belegen. So einfach ist das. Und alle, alle ziehen mit, denn alle verdienen an diesem Cholesterin-Märchen:
- Hersteller von Kunstfetten
- Hersteller von Light-Produkten

- Hersteller von Schlankheitsmitteln
- Firmen, die all diese Produkte unters Volk bringen
- Pharmafirmen, die auf Grund der Cholesterin-Hysterie Lipidsenker anbieten
- Pharmafirmen, weil Lipidsenker nicht frei von Nebenwirkungen sind und sie nun auch Mittel gegen die „Nebenwirkungen" anbieten
- Ärzte
- Apotheker
- Schlankheitsinstitute
- Fitneß-Studios
- Kurorte
- Sportartikelfirmen
- Werbeagenturen usw. usw.

Obwohl ernst zu nehmende Wissenschaftler die Margarine seit langem auf die Anklagebank setzen, weil sie behaupten, sie sei ursächlich an der Entstehung des Herzinfarkts mitbeteiligt, wird die heilige Kuh, die „Cholesterin-Lüge", nicht geschlachtet, denn zu viele leben von ihr. Kein Wunder, denn Arteriosklerose, Herzinfarkt und letztendlich Fettsucht entstehen nicht durch Cholesterin bzw. zuviel Fett, sondern vorwiegend durch den Verzehr raffinierter Kohlenhydrate in Form von Fabrikzuckerarten, Auszugsmehlen und Produkten daraus. Darüber wird der Verbraucher jedoch nicht aufgeklärt, denn dort grasen die nächsten „heiligen Kühe": Zuckerindustrie, Brot- und Teigwarenhersteller, Säuglingsnahrungsmittel-Industrie, Milch-Industrie, die Hersteller von fabrikzuckergesüßten Getränken, diejenigen, die alles unters Volk bringen…

Ja, damit wären wir wieder am Anfang der Kette. Gesundheit ist eben ein Informationsproblem.

Wenn Sie – als Übergewichtiger, Herzkranker (oder Partner eines Herzkranken), Magenkranker, Rheumatiker oder Hautkranker – an diesen Zusammenhängen interessiert sind, sollten Sie zu den Standardwerken des „Vollwertpapstes" Dr. M. O. Bruker (1909–2001), greifen: „Unsere Nahrung – unser Schicksal", „Cholesterin – der lebensnotwendige Stoff" und vielen anderen aktuellen Titeln zu speziellen Krankheitsbildern (s. Titelverzeichnis am Ende dieses Buches).

# Grünkern-Aufstrich

| Zutaten: | 100 g | Grünkern, geschrotet |
|---|---|---|
| | 200 g | Gemüsebrühe |
| | 3 | Zwiebeln, mittelgroß, sehr fein schneiden |
| | 75 g | Butter |

| Gewürze: | 3 EL | Majoran |
|---|---|---|
| | 1 TL | Basilikum |
| | 1 TL | Thymian |
| | 1 TL | Koriander |
| | 1 TL | Kräutersalz |
| | 1/2 TL | Pfeffer |

*Zubereitung:*

Grünkern in kochende Gemüsebrühe mit Schneebesen einrühren, aufkochen, ca. 15 Minuten ausquellen lassen. Butter, Zwiebeln, Kräutersalz unterziehen, abkühlen lassen. Gewürze unter die abgekühlte Masse kneten. Der Aufstrich schmeckt am besten frisch angerichtet.

*Tip:*

Getrocknete Küchenkräuter, wie Basilikum, Majoran, Thymian, zerreibt man am besten vor dem Gebrauch in der hohlen Hand. Sie setzen dann ihr Aroma besser frei.

*Basilikum* ist äußerst vielfältig in der Küche verwendbar. Ein Tomatensalat oder eine Scheibe Brot – mit Tomaten belegt – schmeckt ohne Basilikum geradezu langweilig. Wer einmal die italienische Küche vor Ort kennengelernt hat, verzichtet nicht mehr auf dieses Kraut. Basilikum läßt sich gut im Topf ziehen. Der Samen wird nicht tief gelegt, sondern nur ganz leicht mit Erde bedeckt bzw. fest angedrückt. Gut feucht halten. Die Blätter von unten abzupfen. Erst wenn Basilikum hoch genug ist, darf man auch die Spitzen abschneiden. Die Pflanze kann im Frühjahr, wenn kein Frost mehr zu erwarten ist, ins Freie gebracht werden. Unter günstigen Bedingungen wird sie mehr als einen halben Meter hoch.

# Grünkern-Buchweizen-Pastete

*Zutaten:*  1 Tasse     Grünkern
            1 Tasse     Buchweizen
            6 Tassen    Wasser
            4 EL        Butter
            2 EL        Zwiebeln, fein geschnitten
            1 Handvoll  Champignons, fein geschnitten

*Gewürze:*  2 TL        Kräutersalz
            2 TL        Majoran
            2 TL        Thymian
            1 EL        Kerbel
            1 EL        Schnittlauch
            1/2 TL      Picata

Zum Ausstreuen der Form fein gehackte Petersilie oder Schnittlauchröllchen.

*Zubereitung:*

Grünkern und Buchweizen schroten, in angegebener Wassermenge unter Umrühren aufkochen, auf abgeschalteter Herdplatte ausquellen lassen. Um Ansetzen des Breis zu verhindern, Topfdeckel umdrehen und mit kaltem Wasser füllen. Danach mit allen anderen Zutaten vermischen. Pikant abschmecken.

Eine längliche Form mit Frischhaltefolie auskleiden. Mit Wasser fein besprühen. Mit Petersilie oder Schnittlauchröllchen bedecken. Die zubereitete Masse einfüllen und ca. 2 Stunden kühl aufbewahren. Mit der Folie herausnehmen, auf eine Servierplatte stürzen. Folie vorsichtig abziehen, damit der „grüne Mantel" erhalten bleibt. Farbenfroh mit Radieschen, Tomaten, Gurken garnieren.

*Tip:*

Zum Aussprühen der Form oder zum Besprühen von Brot, Brötchen usw. eine eigens dafür angeschaffte Blumenspritze benutzen.

*Herzlichen Dank an Karla Laubmann aus Mülsen St. Jakob. Sie schickte uns das Rezept für diese leckere Pastete.*

# Grünkern-Curry-Creme

*Zutaten:*
- 2 TL Linsen
- 1 EL Grünkern
- 1 EL Buchweizen
- 2 Zwiebeln, mittelgroß, sehr fein schneiden
- 2 EL Sonnenblumenöl
- 1 Tasse Gemüsebrühe

*Gewürze:*
- 2 EL Hefeflocken
- 1 TL Curry
- 1/2 TL Honig
- 1 TL Kräutersalz
- 1 MS Pfeffer, schwarz, frisch gemahlen
- 1 cm frische Peperoni, sehr fein schneiden

*Zubereitung:*

Linsen, Grünkern, Buchweizen in Getreidemühle mit Stahlmahlwerk fein mahlen, mit Schneebesen in kochende Gemüsebrühe rühren. Zwiebeln hinzufügen, unter Rühren aufkochen, 15 Minuten auf ausgeschalteter Herdplatte quellen lassen. Mit Sonnenblumenöl und Gewürzen vermischen.

*Variation:*

60 g Butter schaumig schlagen und unter die fertige Masse ziehen. Der Aufstrich wird dadurch besonders locker und cremig.

*Tip:*

Damit der Brei sich beim Ausquellen nicht ansetzt, den Deckel des Topfes mit dem Griff nach unten auf den Topf legen und mit kaltem Wasser füllen. Durch das entstehende Schwitzwasser wird gleichzeitig verhindert, daß die Oberfläche der Getreide-Linsen-Masse austrocknet.

*Wußten Sie, daß…*

Curry eine Mischung aus mehr als einem Dutzend Gewürzen ist? Unter anderem sind darin enthalten: Muskatblüte, Zimt, Nelken, Kardamom, Ingwer, Kurkuma, Kümmel, Paprika, Koriander, Pfeffer, Chili, Bockshornklee.

# Hafer-Meerrettich-Butter

*Zutaten:*  
- 1/2 Tasse Nackthafer, frisch geschrotet
- 1/2 Tasse Gemüsebrühe oder Wasser
- 1–2 TL Meerrettich, frisch gerieben oder aus dem Glas
- 120 g Butter schaumig schlagen
- 100 g Zwiebeln würfeln und dünsten

*Gewürze:*  
- 1 TL Kräutersalz
- 1/2 Zitrone (Saft)
- 1 EL Hefeflocken
- 1 MS Paprika
- 1 MS Delikata
- 3 Peperoniringe, klein gewürfelt
- 2 EL Schnittlauch

*Zubereitung:*

Gemüsebrühe zum Kochen bringen. Geschroteten Hafer mit Schneebesen einrühren. Auf abgeschalteter Herdplatte 15 Minuten ausquellen lassen. Dabei Deckel des Topfes umdrehen (s. S. 43).

Alle Zutaten mit der Hand gut vermengen.

*Variation:*

Mit einer sehr fein geriebenen Mohrrübe Geschmack verändern!

*Tip:*

Hafer nicht stundenlang vor der Zubereitung schroten. Durch den Zutritt von Sauerstoff entwickeln sich Bitterstoffe. Sie sind zwar harmlos, verleihen aber dem Gericht (zum Beispiel dem täglichen Frischkornbrei!) einen unangenehmen, strengen Geschmack.

# Hirseaufstrich oriental

*Zutaten:*  
    100 g    Hirse, geschrotet  
    200 g    Gemüsebrühe  
    1    kleine Stange Lauch (nur helle Teile)  
    1 EL    Butter  
    1/2    Apfel, mittelgroß, säuerlich  
    100 g    Butter schaumig schlagen

*Gewürze:*  
    1 TL    Curry  
    Salz  
    Pfeffer  
    Tabasco, wenige Tropfen

*Zubereitung:*

Hirse mit Schneebesen in kochende Gemüsebrühe rühren. Etwa 5 Minuten köcheln, dann gut ausquellen lassen. Den Deckel des Topfes mit dem Griff nach unten auf den Topf legen und mit kaltem Wasser füllen, damit die Hirse nicht ansetzt.

Lauch sehr fein schneiden, Apfel grob raspeln. Beides in 1 EL Butter dünsten.

Alle Zutaten vermischen. Gut würzen.

*Tip…*

für feingeschnittenen Lauch.

Lauchstange in etwa 10 cm lange Stücke schneiden. Diese Stücke halbieren. Diese Hälften wiederum in feine Streifen schneiden, etwa so schmal wie Schnittlauchstengel. Diese Streifen in der Größe von Schnittlauchröllchen würfeln.

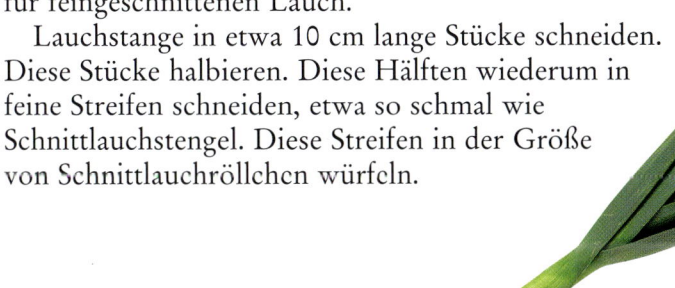

# Ingwer-Schmakao

*Zutaten:*

| | | |
|---|---|---|
| 1 EL | Olivenöl | |
| 1 EL | Zwiebeln | |
| 1 EL | frischer Ingwer | } sehr fein hacken |
| 1 | Knoblauchzehe | |
| 100 g | Butter | |
| 1 TL | Tomatenmark | |
| 2 MS | Schabzigerklee | |
| 2 MS | Cayennepfeffer | |
| 1 MS | Curry | |
| 1 MS | Koriander | |
| 1 TL | Vollmeersalz | |

*Zubereitung:*

Zwiebeln, Ingwer, und Knoblauch in Olivenöl anschwitzen und erkalten lassen. Butter schaumig schlagen, mit allen Zutaten vermischen, nochmals kräftig abschmecken. Der Aufstrich sollte kräftig, würzig schmecken.

*Rezeptidee: Veronika Gerz*

*In den Frischgemüsen
birgt sich eine viel zu wenig bekannte
erstaunliche Heilkraft
gegen ein ganzes Heer
der verbreitetsten Krankheiten.
Mit den rohen Früchten zusammen
bilden die Rohgemüse
die einzig dastehende Heilnahrung.*

*Max Bircher-Benner*

*Pistazien-Aufstrich* — *Rezept S. 77*

# Hotpeppi

*Zutaten:*  125 g  Butter
 1/2  Peperoni, rot
 1 1/2 EL  Schnittlauchröllchen
 1 1/2 EL  Petersilie, fein gehackt
 1  Knoblauchzehe, fein gehackt
 1 EL  Zwiebel, klein gewürfelt
 1/2 TL  Kräutersalz

*Zubereitung:*

Butter schaumig schlagen. Peperoni *sehr fein* würfeln. Alle Zutaten vermischen und nochmals kräftig abschmecken.

*Rezeptidee: Veronika Gerz*

# Käse-Aufstrich

*Zutaten:* 100 g Butter
200 g Frischkäse
90 g Lauch sehr fein schneiden

*Gewürze:* 1/4 Peperoni sehr fein schneiden
1/4 Knoblauchzehe sehr fein schneiden
1 PR Pfeffer
1 PR Vollmeersalz
1 PR Paprika
etwas Liebstöckel sehr fein schneiden

*Zubereitung:*

Butter schaumig schlagen, mit allen Zutaten vermengen.

# Kartoffelaufstrich

*Zutaten:*  300 g  Kartoffeln
3–4 EL  Olivenöl
1  kleine Zwiebel
1/4  grüne Paprika
1  kleine Tomate

*Gewürze nach Geschmack:*

Schnittlauch
Oregano
Basilikum
Pfeffer
Kräutersalz

*Zubereitung:*

Kartoffeln in der Schale kochen, pellen, pressen oder durch ein Sieb drücken, noch warm mit dem Öl cremig rühren.

Zwiebel, Paprika, Tomate sehr fein würfeln. Die Tomate vorher aushöhlen und nur das Fruchtfleisch verwenden.

Alle Zutaten vermengen. Mit den Gewürzen pikant abschmecken.

*Variation:*

Einige schwarze, entkernte und feingeschnittene Oliven hinzugeben.

*Tip:*

Dekorativ auf gekochten Kartoffelscheiben servieren.

# Kichererbsencreme

*Zutaten:*
- 150 g Gemüsebrühe
- 140 g gekeimte Kichererbsen
- 1 EL Kräutersalz
- 160 g Butter
- 1 Zwiebel, mittelgroß
- 1 Handvoll Sellerieblätter
- 1 EL Radieschensprossen
- 1/4 TL Pfeffer

*Zubereitung:*

Kichererbsen 3–4 Tage vor der Zubereitung zum Keimen bringen. In gesalzener Gemüsebrühe garen, anschließend pürieren.

Zwiebel und Sellerieblätter sehr fein schneiden. Butter schaumig schlagen, mit allen anderen Zutaten vermengen. Pikant abschmecken.

# Knoblauchbutter

*Zutaten:* 125 g Butter
3 Knoblauchzehen
1 TL Kräutersalz
1 TL gestoßener grüner Pfeffer

*Zubereitung:*

Butter schaumig schlagen, Knoblauch sehr fein schneiden.
   Alle Zutaten vermengen.

*Tip:*

Da sich 125 g Butter wegen der geringen Menge schlecht aufschlagen lassen, ein ganzes Paket Butter nehmen und die halbe Menge für einen anderen Aufstrich verwenden oder als Streichbutter servieren.

---

*Mehr über den Knofel...*

Über den Heilwert des Knoblauchs sprechen, hieße, Eulen nach Athen tragen. Ob alle Eigenschaften, die in den Werbeanzeigen stehen, zutreffen, sei allerdings dahingestellt. Tatsache ist jedoch, daß schon der große Arzt der Antike, Galen, den Knoblauch als Allheilmittel der Bauern bezeichnete.

Im Volksmund ist diese Zwiebel, die zu den Liliengewächsen gehört, auch als Knobel, Knofel, Knoflak und Gruserich bekannt.

Wer dieses Gewächs liebt und auf den Genuß nicht verzichten möchte, sollte daran denken, daß der Duft eventuell aus allen Knopflöchern strömt. Mit Rücksicht auf nicht-knofelnde Bekannte, Freunde, Kollegen und andere Mitmenschen läßt sich der Geruch vermeiden, wenn die Knoblauchzehe vor dem Verzehr in Öl gepreßt und damit verrührt wird.

# Kräutermandelbutter

*Zutaten:*  125 g  Butter
　　　　　 150 g  Sahnequark
　　　　　　50 g  Mandeln

*Gewürze:*　 3 EL  Hefeflocken
　　　　　 1/2 TL  Kräutersalz
　　　　　 1/2 TL  Schabzigerklee
　　　　　　　　  reichlich frische Kräuter

*Zubereitung:*

Mandeln frisch mahlen. Butter schaumig schlagen. Kräuter fein hacken. Alle Zutaten miteinander vermengen.

*Tip:*

Der Aufstrich hält sich mehrere Tage im Kühlschrank und schmeckt, wenn man ihn mit saurer Sahne verrührt, auch sehr gut zu Pellkartoffeln.

*Herzlichen Dank an Ulrike Müller aus Bad Oeynhausen. Von ihr stammt dieses schmackhafte Rezept.*

# Lauchbutter

*Zutaten:*     125 g   Butter
              100 g   Lauch

*Gewürze nach Geschmack:*

    Picata
    Muskat
    Vollmeersalz

*Zubereitung:*

Butter schaumig schlagen. Lauch sehr fein schneiden (s. S. 45). Alle Zutaten vermischen und kräftig abschmecken.

*Tip:*

Bei jungem Lauch auch die äußeren Blätter, bei älteren Stangen nur die hellen Teile verwenden.

# Linsenaufstrich

*Zutaten:*   1/2   Tasse Linsen
              1   Tasse Wasser
             75 g   Butter

*Gewürze:*   1/2 TL   Senf
             1/2 TL   Kräutersalz
             1/2 TL   Thymian
             1 TL   Majoran
             1 MS   Delikata
             1 MS   Paprika

*Zubereitung:*

Linsen aufkochen und ausquellen lassen, bis sie gar sind.
   Mit allen anderen Zutaten mischen und mit Pürierstab oder Mixer pürieren, bis die Masse cremig ist.

*Tip:*

Majoran und Thymian in hohler Hand zerreiben, bevor es dem Aufstrich zugegeben wird (s. S. 16).

# Linsen-Bratlinge

*Zutaten:*    200 g    Linsen (am Vorabend einweichen)
100 g    Zwiebeln
100 g    Lauch
100 g    Mohrrüben
100 g    Pilze
2 EL    Vollkornmehl
Öl zum Braten

*Gewürze:*    Salz
Pfeffer
Schnittlauch

*Zubereitung:*

Zwiebeln, Lauch, Mohrrüben, Pilze und Kräuter fein schneiden. Mit den eingeweichten Linsen, Salz und Pfeffer gut pürieren. Vollkornmehl unterrühren.

     Flache Bratlinge formen, in Vollkornmehl wenden, in Öl braten.

     Schmeckt nicht nur hervorragend als Brotbelag – probieren Sie dazu mal Senf! –, sondern auch als Beilage zu Nudelgerichten oder Reis.

*Variation:*

Man kann unter das Paniermehl einige gemahlene Nüsse und etwas Salz und Pfeffer geben.

*Tip:*

Wenn das Einweichen der Linsen vergessen wurde, trockene Linsen in Getreidemühle mit Stahlmahlwerk mehlfein mahlen.

     Zwiebeln, Lauch, Mohrrüben, Pilze und Kräuter durch Fleischwolf drehen. Den Teig unter Zugabe von etwas Sauerrahm oder evtl. einem Ei herstellen. Bratlinge formen und in Öl braten.

     Geben Sie den Frikadellen in der Pfanne genügend Zeit zum Bräunen. Werden sie zu früh mit dem Pfannenmesser bewegt, können sie auseinanderfallen.

# Linsenpaste

*Zutaten:*     500 g     Gemüsebrühe
                300 g     rote Linsen
                 60 g     Butter
               1–2 EL   Tomatenmark

*Gewürze nach Geschmack:*

    Pfeffer oder Peperoni
    Curry
    Paprika
    Kräutersalz

*Zubereitung:*

Linsen über Nacht einweichen, in Gemüsebrühe garen, danach pürieren. Butter schaumig schlagen, Tomatenmark und die erkaltete Linsenmasse löffelweise hinzufügen. Mit den Gewürzen abschmecken.

---

*Wußten Sie, daß...*

Linsen Schmetterlingsblütler sind, zu den Hülsenfrüchten zählen und aus dem Orient stammen? In den alten Kulturen in Mesopotamien, Ägypten, Persien und Israel waren sie Volksnahrungsmittel. Besonders bekannt sind sie als Grabbeigaben in der 12. ägyptischen Dynastie. Und im Alten Testament wird berichtet, daß Esau sein Erstgeburtsrecht für ein Linsengericht hergab.

So weit müssen wir es ja nicht kommen lassen. Linsen haben aber zu Recht ihren Platz in unserer Küche verdient.

Sie vertragen Hülsenfrüchte schlecht? Das liegt nicht an den Linsen (oder Erbsen und Bohnen). Das liegt an der Zusammenstellung der übrigen Speisen und eventuell auch an der Zubereitung. Man sollte Hülsenfrüchte nicht zusammen mit Fett oder fettem Fleisch, Speck o. ä. garen, sondern das Fett immer erst *nach* dem Kochen zugeben. Dann kann es nicht so tief in die Poren des Gemüses ziehen und ist leichter verdaulich. Dies gilt auch für die Zubereitung anderer Speisen.

# Linsen-Zwiebel-Aufstrich

*Zutaten:*    150 g    Gemüsebrühe
                1 EL    Grünkern
                2 EL    Linsen
                1           große Zwiebel
                1           Stück Lauch (10 cm)
                1           Knoblauchzehe
              75 g      Butter

*Gewürze:*    1 TL    Estragon
               1/2 TL    Thymian
               1 MS    Schabzigerklee
               1 TL    Kräutersalz

*Zubereitung:*

In kochende Gemüsebrühe Grünkern- und Linsenmehl rühren. Aufkochen und ca. 15 Minuten auf abgeschalteter Herdplatte ausquellen lassen. Danach den Brei pürieren.

Zwiebel in kleine Stücke schneiden, in Butter goldbraun braten, fein geschnittenen Lauch und zerkleinerte Knoblauchzehe dazugeben.

Butter schaumig schlagen. Alle Zutaten gut vermischen. Mit Gewürzen deftig abschmecken.

*Es gibt kaum schwer verdauliche Speisen,
es gibt aber falsche Zusammenstellung,
falsche Zubereitung und ein Übermaß!*

Werner Kollath

# Liptauer Käse

*Zutaten:*     1/2     Camembert
              175 g    Butter
              125 g    Zwiebeln fein würfeln

*Gewürze:*    1/2 TL   Paprika
              1/2 TL   Senf

*Zubereitung:*

Camembert pürieren. Butter schaumig schlagen. Alle Zutaten miteinander vermischen.

*Variation:*

Von einer grünen und roten Paprikaschote den Deckel abschneiden, so daß man die Kerne herausnehmen kann. Paprikaschoten mit Liptauer Käse füllen, in Folie wickeln und etwa 2 Stunden im Kühlschrank lagern. Danach in etwa 1 cm breite Scheiben schneiden, auf einer Platte anrichten und mit Salatblättern und Tomatenecken garnieren (s. auch Abb. auf S. 73).

*Befolget die Naturgesetze
und eure Wohlfahrt ist begründet.*

*Paracelsus*

# Macadamia-Schnee

*Zutaten:*

| | | |
|---|---|---|
| | 100 g | Macadamianußkerne |
| | 125 g | Butter |
| | 2 EL | Meerrettich |
| | 1,5 EL | Senf |
| | 1,5 | kleine Zwiebeln, sehr fein geschnitten |
| | 2 EL | Schnittlauch, in feine Röllchen geschnitten |
| | 2 EL | Petersilie, sehr fein gehackt |
| | 1 TL | Liebstöckel |
| | 1,5 TL | roter Pfeffer, zerstoßen |
| | 1 PR | Koriander |
| | 1 PR | Muskatnuß |
| | 1 PR | Pfeffer |
| | 1 | sehr kleines Stückchen rote Peperoni, sehr fein geschnitten |

*Zubereitung:*

Macadamianußkerne fein mahlen. Butter schaumig schlagen. Alle Zutaten mischen und abschmecken, evtl. nachwürzen. Der Aufstrich sollte kräftig würzig schmecken.

# Maispüree

| | | |
|---|---|---|
| *Zutaten:* | 70 g | Maisgrieß* |
| | 2 | Knoblauchzehen |
| | 1 EL | Olivenöl |
| | 1 EL | Butter |
| | 400 g | Wasser |
| *Gewürze:* | 1 g | Safran |
| | 1 PR | Nelkenpulver |
| | 2 EL | Kapern |
| | | Pfeffer |
| | | Vollmeersalz |

*Zubereitung:*

Knoblauch durchpressen oder fein schneiden, in Öl andünsten.

Wasser zugeben und aufkochen. Maisgrieß einrühren und aufkochen, dann 30–40 Minuten auf abgeschalteter Platte ausquellen lassen. Topfdeckel umgekehrt auflegen und mit kaltem Wasser füllen.

Den Brei pürieren, alle Gewürze und weiche Butter untermischen. Pikant abschmecken.

---

* Mais aus biologischem Anbau, nicht genmanipuliert.

# Majorantöpfchen

*Zutaten:*
*Brandteig*   125 g   Wasser
              1 MS   Vollmeersalz
              35 g   Butter
              75 g   Weizen, sehr fein mahlen

*Zubereitung:*

Wasser mit Salz und Butter aufkochen, von der Kochstelle nehmen, und das Mehl auf einmal in die Flüssigkeit schütten. Alles rasch zusammenrühren, bis die Masse sich als Kloß geformt hat. Erkalten lassen.

    125 g    Butter
    3 TL     Majoran
    1 TL     Kräutersalz
    1/2 TL   Pfeffer
    2 EL     Petersilie
    1 BD     Schnittlauch
    1 MS     Paprika
    1 MS     Picata
    1 MS     Nelken
    1 MS     Koriander

*Zubereitung:*

Butter schaumig schlagen. Mit dem Brandteig und den Gewürzen zu einer glatten Masse verrühren.

---

*Wußten Sie, daß…*

*Majoran* ein Lippenblütler ist, verwandt mit Salbei und Minze? Weitere Bezeichnung: Dost und Origano. Als altes Volksheilmittel wurde ihm nervenstärkende, beruhigende und schweißtreibende Wirkung zugeschrieben.

    Majoran sollte als Küchengewürz in keinem Kräutergarten fehlen. Eine Pizza ohne Majoran wäre in Italien nicht vorstellbar. Aber auch Tomatensoßen, Suppen und verschiedene Salate erhalten durch eine Spur Majoran besonderen Pfiff.

*Je größer der Anteil Fleisch
in der menschlichen Kost,
um so kleiner die Leistungsfähigkeit.
Nur im Reiche der Pflanzen
werden die Federn gespannt,
welche die Uhr des Lebens treiben.*

*Max Bircher-Benner*

# Mandel-Paprika-Butter

*Zutaten:* 
- 125 g Butter
- 1 Paprikaschote
- 1–2 Knoblauchzehen
- 100 g Mandelkerne

*Gewürze:*
- 1/2 TL Vollmeersalz
- 1/2 TL Paprika
- 2 EL frische Kräuter (Schnittlauch, Petersilie oder fein geschnittener Feldsalat)
- Tabasco – wenige Tropfen

*Zubereitung:*

Butter schaumig schlagen. Mandeln sehr fein mahlen. Paprikaschote und Knoblauch sehr klein schneiden.
   Alle Zutaten vermengen. Kräftig abschmecken.

---

*Wußten Sie, daß...*

Tabasco nicht nur eine äußerst scharfe Chilisoße ist, sondern daß sie ihren Namen erhalten hat, weil Chilis im mexikanischen Staat Tabasco angebaut werden? Chilis gehören zu den Nachtschattengewächsen. Die Frucht wird etwa 2 cm lang und nach dem Trocknen gemahlen.

# Meerrettichbutter

*Zutaten:* 150 g Butter
2 EL Meerrettich

*Gewürze:* 1 EL Majoran
1 EL Basilikum
2 TL Hefeextrakt

*Zubereitung:*

Butter schaumig schlagen, mit allen Zutaten mischen. Schmeckt auch sehr gut zu Pellkartoffeln.

# Möhrenpastete

*Zutaten:*  300 g  Möhren
 50 g  Schalotten
 2 TL  Öl
 5 EL  Wasser oder Gemüsebrühe
 30 g  Kürbiskerne
 2 EL  Butter

*Gewürze:*  1 PR  Cayennepfeffer
 1/2 TL  Vollmeersalz

*Zubereitung:*

Möhren und Schalotten in Scheiben schneiden, in Öl andünsten. Flüssigkeit zugeben, zugedeckt 10–15 Minuten garen, anschließend pürieren.

Kürbiskerne in trockener Pfanne kurz anrösten, abkühlen lassen und mit einem Schlagmesser grob zerkleinern.

Butter schaumig schlagen. Alle Zutaten vermengen und pikant abschmecken.

*Wußten Sie, daß...*

das Carotin (der gelbe Farbstoff) der Mohrrübe mit Hilfe von Fett in unserem Körper in Vitamin A umgewandelt wird? Wußten Sie, daß es ein Ammenmärchen ist, wenn immer wieder behauptet wird, Mohrrüben müßten deshalb unbedingt mit Fett zusammen gegessen werden? Der Körper holt sich das für die Umwandlung benötigte Fett aus seinem Bestand. Er wartet nicht, bis es mit der Nahrung zugeführt wird. Wo kämen wir denn hin, wenn wir die Mohrrübe nicht mehr aus der Erde ziehen dürften, grob abputzen und frisch weg von der Faust verzehren! So schmeckt sie doch am besten.

Außerdem: Haben Sie schon mal ein Kaninchen gesehen, das die Mohrrüben vom Feld knabbert und eine Ölkanne daneben stehen hat, damit die Vitamin-A-Versorgung gesichert ist? Wir nicht.

*Eure Lebensmittel sollen Heilmittel  
und eure Heilmittel Lebensmittel sein.*

*Paracelsus*

# Olivenpaste

*Zutaten:*
- 1 Pfund grüne entkernte Oliven
- 2 EL Dinkelmehl, fein gemahlen
- 50 g weiche Butter
- 2 EL Tomatenmark
- 1 TL Basilikum
- 1/2 TL Thymian-Rosmarin
- 1 TL Oregano
- Pfeffer
- Vollmeersalz
- etwas Honig

*Zubereitung:*

Die entkernten Oliven kleinhacken und mit dem Dinkelvollkornmehl sowie der Butter zu einem Teig verkneten. Das Tomatenmark mit den Gewürzen und einem Eßlöffel heißem Wasser verrühren, unter die Oliventeigmasse geben und gleichmäßig vermengen, mit Salz, Pfeffer und nach Geschmack etwas Honig abschmecken.

10 Minuten ziehen lassen, in eine feuerfeste Form füllen und im vorgeheizten Backofen bei 180° bis 200 °C backen.

1. Entweder nur 10 Minuten backen, abkühlen lassen und als Brotaufstrich direkt aus der Form auf frisches Baguette oder Brot streichen, oder

2. mindestens 30 Minuten in einer Pastetenform backen, in dieser abkühlen lassen (wenn die Pastete kalt ist, wird sie dann auch automatisch fest), danach aus der Form stürzen und scheibenweise aufschneiden.

*Tomaten-Möhren-Aufstrich* *Rezept S. 85*

# Paprikabutter

*Zutaten:*     250 g     Butter
                   1     kleine Zwiebel
                   1     kleine Tomate
                 100 g     Paprikaschote, rot

*Gewürze:*     2     kleine Ringe Peperoni sehr fein schneiden
                 1 EL     Hefeflocken
                 2 TL     Kräutersalz
                   1     sehr kleine Knoblauchzehe

*Zubereitung:*

Butter schaumig schlagen.

Zwiebel sehr klein schneiden, in wenig Wasser dünsten. Tomaten, Paprika, Knoblauch sehr klein schneiden.

Alle Zutaten vermengen und abschmecken.

*Schnelle Variante:*

*Zutaten:*     250 g     Butter
                 2 TL     Senf (Rezept Seite 81)
                 2 TL     Paprikapulver
               1/2 TL     Vollmeersalz
               1/2 TL     Pfeffer

*Zubereitung:*

Butter schaumig schlagen, mit allen Zutaten vermischen.

*Vorbeugung*

*Daß es nicht komme erst zum Knaxe,*
*Erfand der Arzt die Prophylaxe.*
*Doch lieber beugt der Mensch, der Tor,*
*Sich vor der Krankheit, als ihr vor.*

*Eugen Roth*

# Pfeffertopf

*Brandteig:*   1/8 l     Gemüsebrühe oder Wasser
                1 MS   Vollmeersalz
                35 g    Butter
                75 g    Weizenvollkornmehl, sehr fein mahlen

*Zubereitung:*

Flüssigkeit mit Salz und Butter aufkochen, von der Kochstelle nehmen und das frisch gemahlene Weizenvollkornmehl auf einmal in die Flüssigkeit schütten. Dann alles rasch zusammenrühren, bis die Masse sich als Kloß geformt hat. Auf dem Boden des Topfes sollte sich eine weiße Schicht gebildet haben. Abkühlen lassen.

                125 g   Butter
                1 EL    Schnittlauch
                1 EL    Petersilie
                1 MS   Schabzigerklee
                          Knoblauchzehe nach Geschmack
                          Meersalz
                          grob gestoßener Pfeffer

Butter schaumig rühren.
Butter, Brandteig und alle Gewürze zusammenrühren.
Nochmals nachschmecken. Der Aufstrich sollte gut würzig sein.

*Rezeptidee: Veronika Gerz*

# Pistazien-Aufstrich

*Zutaten:*  100 g   Pistazienkerne
125 g   Butter
2 TL   Meerrettich
1 TL   Senf
1        kleine Zwiebel sehr fein schneiden

*Gewürze:*  1 EL   Schnittlauch
1 EL   Petersilie
1 TL   Liebstöckel
1 PR   rote Peperoni
1 TL   Kräutersalz
1 PR   Pfeffer

*Zubereitung:*

Pistazien fein mahlen.
Butter schaumig schlagen.
Kräuter sehr fein schneiden.
Alle Zutaten vermischen, kräftig abschmecken.

*Pistazien* werden im gesamten Mittelmeerraum kultiviert. Die Bäume wachsen bis zu zehn Metern hoch. Die mandelförmigen Früchte enthalten im Steinkern den aromatisch schmeckenden grünen Samen, die bekannte Pistazie. Diese Kerne werden bei uns überwiegend gesalzen angeboten. Das Entfernen der Schale ist nicht aufwendiger als Nüsseknacken. Das Ergebnis im obigen Aufstrich aber besonders lecker!

*Krankheiten überfallen den Menschen nicht
wie ein Blitz aus heiterem Himmel,
sondern sind die Folgen fortgesetzter Fehler
wider die Natur.*

*Hippokrates*

*Der verantwortliche Arzt kann auf wirtschaftliche
Gesichtspunkte keine Rücksicht nehmen.
Er ist der wissenschaftlichen Wahrheit verpflichtet.*

*Max Otto Bruker*

# Sellerie-Nußmus

*Zutaten:*  150 g    Sellerie
            1        säuerlicher Apfel
            70 g     Haselnüsse
            100 g    Butter

*Gewürze:*  2 TL     Zitronensaft
            1 PR     Ingwer
                     Pfeffer
                     Vollmeersalz

*Zubereitung:*

Butter schaumig schlagen.
Apfel und Sellerie fein reiben. Nüsse fein mahlen.
Alle Zutaten unter die Butter mischen.
Pikant abschmecken.

*Tip:*

Wenn Sie schon dabei sind, für den Aufstrich Sellerie und Apfel zu reiben, können Sie doch in einem Arbeitsgang mehr davon zubereiten (mit größerer Lochreibe). Dann haben Sie gleich die Frischkost für die nächste Mahlzeit parat. Etwas Zitronensaft, Öl oder geschlagene süße Sahne unterziehen – fertig! Wenn Sie den Salat dazu noch mit Walnüssen, blauen Trauben und frischer Zitronenmelisse garnieren, … dann kommen sogar wir vorbei, um mitzuessen.

# Senf

Ein schmackhafter Senf gibt vielen Gerichten einen besonderen Pfiff. Wenn Sie dazu noch sagen können, daß es ein „selbstgemachter" ist, ruft das Erstaunen hervor. Wer kennt und kann das heutzutage noch. Man kauft ihn fertig im Glas. Dabei ist die Herstellung einfach.

*Zutaten:* 50 g   Senfkörner, fein gemahlen
             1 TL  Vollmeersalz
             1 EL  Honig
           30 ml  Apfelessig oder Weinessig
           40 ml  Wasser

*Zubereitung:*
Alle Zutaten verrühren. 14 Tage zum Reifen stehen lassen.

… das Auge ißt mit, deshalb das Garnieren nicht vergessen!

# Senfsprossenaufstrich

*Zutaten:*     125 g    Butter
                3 EL    Senfsprossen
                2 EL    Weizenkörner
                6 EL    Wasser

*Gewürze:*    1        Knoblauchzehe fein schneiden
              1/4 TL   Kräutersalz
              1/2 TL   Senf
              1 PR     Pfeffer
              1 PR     Picata
              2 TL     Zitronensaft

*Zubereitung:*

1 Eßlöffel voll Senfsaat etwa 5 Tage lang keimen lassen (ergibt 3 EL Sprossen).

Weizenkörner am Abend vorher in wenig Wasser einweichen. In 6 EL Wasser garen. Danach pürieren.

Senfkeimlinge sehr fein schneiden.

Butter schaumig schlagen.

Alle Zutaten vermischen. Deftig abschmecken.

---

*Wußten Sie, daß...*

die Heilwirkung des ätherischen Senföls im Rahmen der Naturheilverfahren auch heute noch von Ärzten genutzt wird?

Frisches Senfmehl wird mit lauwarmem Wasser zu einem Brei verrührt, auf ein Leintuch gestrichen und auf die mit feuchter Gaze abgedeckte Haut gelegt. Den Wickel läßt man so lange liegen (etwa eine halbe Stunde, eventuell kürzer), bis die Haut gerötet ist.

Angebracht ist die Senfauflage bzw. ein Senfwickel bei Rheumatismus, Hexenschuß, Husten, Rippenfellentzündung und Lungenentzündung.

# Sesambutter

*Zutaten:* 125 g Butter
50 g Sesam

*Gewürze:* 1/2 TL Vollmeersalz
2 MS gemahlener grüner Pfeffer

*Zubereitung:*

Butter schaumig schlagen.
 Sesam in trockener Pfanne leicht rösten, bis er duftet. Erkalten lassen, grob mahlen.
 Alle Zutaten vermischen, kräftig abschmecken.

*Variante:*

Einen gehäuften Eßlöffel kleingeschnittene Zwiebeln in wenig Butter glasig dünsten, unter die Butter-Sesam-Masse rühren.
 Dazu frisches Sesamknäckebrot oder Sauerteigbrot!

# Sonnenaufgang

Zutaten:  75 g      Sonnenblumenkerne
         125 g     Butter
          30 g     Weizen
          60 g     Wasser oder Gemüsebrühe

Gewürze:   1 TL    Kräutersalz
         1/4 TL    Pfeffer, frisch gemahlen
         1/4 TL    Picata
         1/4 TL    Paprika

*Zubereitung:*

Weizenkörner am Abend vorher einweichen, in angegebener Flüssigkeitsmenge garen.

In einer trockenen Pfanne die Sonnenblumenkerne leicht anrösten, abkühlen lassen und danach mit dem Weizen pürieren.

Butter schaumig schlagen.

Alle Zutaten miteinander vermischen.

*Variante:*

Einige Sonnenblumenkerne unzerkleinert in den Aufstrich geben.

# Tomaten-Möhren-Aufstrich

*Zutaten:*  200 g  Tomatenmark
 2–3  mittelgroße Möhren sehr fein reiben
 1  mittelstarke Zwiebel sehr fein schneiden
 125 g  Butter

*Gewürze nach Geschmack:*

Kräutersalz
Delikata
Kräuter der Provence

*Zubereitung:*

Butter schaumig schlagen, mit allen Zutaten vermengen.

*Tip:*

Sollten sich Butter und Tomatenmark schlecht vermischen, liegt dies an den unterschiedlichen Temperaturen. Gefäß in Wasserbad stellen und warmen Aufstrich nochmals gut durchrühren.

Aufstrich in Paprikaschoten füllen und als „Aufschnitt" servieren. Siehe auch Abbildung auf S. 73.

# Vegetarische Leberwurst

*Zutaten:*
- 2 Zwiebeln
- 2 kleine Knoblauchzehen
- 1 Würfel Hefe
- 1/4 l Gemüsebrühe (möglichst selbst hergestellt)
- 80 g Grünkern
- 1/2 TL Apfelessig
- 100 g Butter
- 2 TL Kräutersalz
- 1 EL Majoran
- 1/3 TL Picata
- 1/2 TL Pfeffer
- 1 TL Thymian

*Zubereitung:*

Die Gewürze mischen, dabei die Trockenkräuter in den Händen reiben, damit das Aroma herauskommt.

Zwiebeln und Knoblauch würfeln oder in Scheiben schneiden, je nachdem, wie grob Sie die „Leberwurst" haben wollen.

In der Hälfte der Butter (50 g) Zwiebeln und Knoblauch andünsten. Hefe hineinbröseln, Gewürze dazugeben und gut verrühren. Grünkern fein mahlen, unterrühren und mit der Gemüsebrühe ablöschen, aufkochen lassen. Apfelessig dazugeben, die Masse so lange rühren, bis sie sich zu einem Kloß formen läßt.

Abkühlen lassen.

Dann die restlichen 50 g Butter unterheben.

# Walnußbutter

*Zutaten:* 150 g Butter
50 g Walnußkerne
3 EL Hefeflocken
1 TL Kräutersalz
1 Knoblauchzehe

*Zubereitung:*

Butter schaumig schlagen. Kräutersalz, fein geschnittenen bzw. gepreßten Knoblauch dazugeben. Walnußkerne fein mahlen und unterrühren. Gekühlt servieren.

*Naschkatzen-Aufstrich* — *Rezept S. 104*

# Süße Aufstriche...

*... für Naschkatzen, Liebhaber süßer Sachen, Leckermäuler und solche, die es werden wollen...*

*Alle Krankheiten
haben eine einheitliche Ursache:
den Verstoß
gegen die Schöpfungsgesetze.*

*Max Otto Bruker*

# Marmeladen, Konfitüren, Gelees

Den größten Teil der Vorratshaltung hat uns ja bekanntlich die Industrie abgenommen. Trotzdem lassen es sich viele Frauen und manche Männer nicht nehmen, „ihre" Marmelade einzukochen. Da geht es um die Ehre und den guten Geschmack. Und in der Tat: Selbstgemachte Marmelade schmeckt unvergleichlich besser als ein Einheitsmus aus der Marmeladenfabrik. Es macht einfach Spaß, traditionelle Rezepte zu verwenden und/oder neue raffinierte Geschmacksrichtungen auszuprobieren.

Übliche Marmeladen bestehen zu einem hohen Prozentsatz (60–70 Prozent) aus gewöhnlichem Fabrikzucker. Er übernimmt in Verbindung mit dem Kochprozeß die Konservierung, so daß die Produkte allesamt mindestens ein Jahr und noch länger haltbar sind.

Isolierter Fabrikzucker ist nicht nur ein leerer Kalorienträger, frei von wichtigen Vitaminen und Mineralien, sondern sogar ein Vitamin- und Calciumräuber. Er ist nachweislich Mitverursacher aller ernährungsbedingten Zivilisationskrankheiten. Wir süßen deshalb mit Honig und süßen Früchten. Diese Marmeladen schmecken eindeutig aromatischer und fruchtiger. Sie eignen sich auch als Füllung und Belag von Keksen, Torten, Kleingebäck, Pfannkuchen und Waffeln.

Allerdings – und das sollte nicht verschwiegen werden – sind sie nicht so lange haltbar wie die konservierten Fabrikprodukte. Dies ist kein Nachteil, sondern ein Qualitätsmerkmal!

---

*Zucker in natürlichen Früchten benötigt der Mensch*

*Fabrikzucker ist nachteilig für die Gesundheit*

Sie sollten alle im Handel befindlichen Fabrikzuckerarten und damit gesüßten Produkte meiden. Dazu gehören unter anderem:
Rohrzucker (der gewöhnliche weiße Zucker, der braune Zucker), Traubenzucker, Fruchtzucker, Milchzucker, Malzzucker, sog. Vollrohrzucker, Ur-Süße, Ur-Zucker, Sucanat, Rübensirup, Ahornsirup, Birnendicksaft, Apfeldicksaft, Melasse, Maltodextrin, Frutilose, Gerstenmalz, Reismalz u. a. m.

*Roh gerührte Marmeladen*

Für diese Marmeladen eignen sich besonders gut Erdbeeren, Brombeeren, Himbeeren oder beliebige Früchte der Saison. Die gewaschenen und geputzten Früchte werden mit Honig zu einer homogenen Masse verrührt.

Roh gerührte Marmeladen sollten möglichst frisch gegessen werden. Sie halten sich im Kühlschrank etwa 5 bis 6 Tage. Alle Vitamine, Aromastoffe und wichtigen biologischen Wirkstoffe (Vitalstoffe) bleiben bestmöglich erhalten.

*Tip:*

Man kann Rohmarmelade im Winter auch in kleinen Portionen aus tiefgekühlten Früchten herstellen.

Sollte sich zuviel Fruchtsaft absetzen, empfiehlt sich, als Bindemittel fein gemahlene Mandeln oder Haselnüsse unterzurühren.

*Marmeladen aus getrockneten Früchten*

Dazu werden die getrockneten Früchte wie Zwetschgen, Aprikosen, Pfirsiche, Feigen, Datteln, Pflaumen für einige Stunden in wenig Wasser oder Apfelsaft (natürlich ohne Fabrikzucker) eingeweicht. Nachdem sie weich geworden sind, überschüssige Flüssigkeit abgießen und mit dem Schlagmesser des Handrührgeräts oder Mixer zu einer homogenen Masse pürieren.

Diese Marmeladen sind von Natur aus so süß, daß man keine zusätzlichen Süßungsmittel (Honig) braucht. Sie können den Geschmack mit Gewürzen und gemahlenen Nüssen verändern.

*Um Ihnen den Start zu erleichtern, hier genaue Angaben:*

Zutaten:    250 g    Trockenfrüchte
                     Apfelsaft oder Wasser
                     Gewürze nach Geschmack

*Zubereitung:*

Die Früchte für 5 bis 8 Stunden knapp bedeckt mit Wasser oder Apfelsaft einweichen.

Wenn Sie statt Wasser Apfelsaft verwenden, schmecken die Marmeladen aromatischer.

Anschließend die eingeweichten Früchte im Mixer pürieren. Nach Bedarf eventuell mit etwas Zitronensaft abschmecken oder mit Gewürzen (Zimt, Ingwer, Vanille, Nelken) versetzen.

In Schraubgläser gefüllt, hält sich die Marmelade etwa 5–6 Tage im Kühlschrank.

*Variation:*

Zur Abwechslung zusammen mit den Trockenfrüchten eine frische Banane, einige Orangenschnitze oder einen Apfel pürieren.

Auf diese Weise können Sie, unabhängig von der Obsternte, ganzjährig, unkompliziert und schnell Ihre ganz spezielle Marmelade herstellen.

# Apfel-Bananen-Aufstrich

*Zutaten:*     1      reife Banane
              2      Äpfel
             40 g   süße Mandeln
                      Honig nach Geschmack

*Zubereitung:*

Die sehr reife Banane pürieren, Äpfel sehr fein reiben, Mandeln sehr fein mahlen. Alles miteinander verrühren und mit Honig abschmecken.

*Variation:*

Statt Honig kann honiggesüßter Sanddorn verwendet werden.

# Dattelcreme

*Zutaten:*  125 g   Butter
                 8   Datteln
             1 TL   Zitronensaft
             1/2   Banane
             1/2   Orange
             2 EL   Mandeln

*Zubereitung:*

Butter schaumig schlagen. Entsteinte Datteln mit Früchten und Zitronensaft pürieren.
Mandeln sehr fein mahlen.
Alle Zutaten vermischen.

---

*Wußten Sie, daß...*

Datteln zu den Palmengewächsen zählen? Die Bäume werden etwa 20 Meter hoch. Die länglichen Früchte wachsen zu Hunderten an Rispen, die traubenähnlich wirken. Diese „Fruchtbüschel" erreichen ein Gewicht von 25–30 Kilogramm und darüber.

Rohe, frisch gepflückte Datteln sind im hiesigen Angebot rar. Sie gehen leicht in Gärung über, wenn sie nicht kühl gelagert und rasch verzehrt werden. Aber die noch sehr weiche, leicht getrocknete Dattel ist ebenfalls ein Hochgenuß.

Bei vielen Rezepten kann man an Stelle von Honig auch sehr gut pürierte Datteln verwenden. Probieren Sie es einmal aus für Gebäcke, Salatsoßen, Fruchtaufstriche und andere Süßspeisen.

# Erdbeeraufstrich

*Zutaten:* 　 250 g 　 Erdbeeren, frisch oder tiefgefroren
　　　　　　 40 g 　 Vollkornreis sehr fein mahlen
　　　　　　 3 EL 　 Honig
　　　　　　 1 TL 　 Zitronensaft
　　　　　　 1 MS 　 Vanille

*Zubereitung:*

Erdbeeren pürieren. Saft auffangen und mit etwa einem Drittel des Erdbeerpürees aufkochen. Reismehl mit Schneebesen in die kochende Flüssigkeit rühren und etwa 15 Minuten ausquellen lassen. Die rohen Erdbeeren hinzufügen, mit Honig und Zitronensaft abschmecken.

*Variation:*

Statt Erdbeeren auch Johannisbeeren, Brombeeren, Kirschen usw.

# Fruchtaufstrich

Zutaten:  100 g   Erdbeeren*
          200 g   Sauerkirschen*
          150 g   Datteln, getrocknet
            3     Feigen, getrocknet
* frisch oder gefroren

*Zubereitung:*

Datteln und die Feigen kleinschneiden, das Obst daraufgeben. Alles in einer Küchenmaschine mit Schlagmesser pürieren.

Bei gefrorenem Obst die Früchte auf das Trockenobst legen und zunächst auftauen lassen.

*Tip:*

Aus diesem Aufstrich läßt sich auch ein leckeres Dessert zubereiten.

Fruchtmasse mit einem Becher Schmand oder saurer Sahne verrühren. Mit einigen Früchten garnieren.

*Rezeptidee: Karin Röttger*

# Früchte-Aufstrich mit Datteln

Entsteinte Datteln mit Bananen, Birnen, Orangen oder anderen Früchten pürieren. Wenn man möchte, mit etwas Vanille- oder Ingwerpulver abschmecken.

Für eine Orange mittlerer Größe reichen 7–10 Datteln. Der Saft der frischen Frucht wird von den Trockenfrüchten aufgenommen, so daß ein streichfähiges Fruchtmus entsteht.

# Honig-Aufstrich

*Zutaten:*   3 EL Honig
 3 EL Nußmus oder Mandelmus

miteinander verrühren.
Schmeckt gut zu Weizen- oder Dinkelbrötchen.

# Honig-Nuß-Butter

*Zutaten:*   200 g    Butter
   150 g    Haselnüsse
   2–3 EL   Honig

*Gewürze:*   1 PR     Salz
   1/2 TL   Vanille
   1 TL     Zitronensaft
   1 MS     Delifrut

*Zubereitung:*

Butter schaumig schlagen.
Nüsse fein mahlen, in einer trockenen Pfanne leicht rösten.
Die erkalteten Nüsse mit Butter und Honig verrühren.
Mit den Gewürzen abschmecken.
   Die Honig-Nuß-Butter in ein Schraubglas füllen und einen halben Tag durchziehen lassen. Der Aufstrich hält sich im Kühlschrank ca. 4–5 Tage.

# Kakao-Creme

*Zutaten:*  150 g  Butter
100 g  Haselnüsse
1 EL  Kakao
1 EL  Honig
2 MS  Vanille
1 PR  Vollmeersalz

*Zubereitung:*

Butter schaumig schlagen.

Ganze Haselnüsse in der trockenen Pfanne leicht anrösten – nicht braten! Danach zwischen den Händen reiben, damit die letzten Schalenteile entfernt werden. Dann fein mahlen.

Alle Zutaten gut verrühren und kühl stellen.

# Kokosaufstrich

*Zutaten:*  
    125 g    Kokosflocken aus frischer Kokosnuß  
    200 g    Butter  
    2 EL    Honig (Akazien- oder Blütenhonig)  
    3 EL    Kakao  
    1 MS    Vanille  
    1 PR    Salz

*Zubereitung:*

Kokosfleisch raffeln. Mit Passierstab oder Mixer zu einer cremigen Masse pürieren.

    Mit allen anderen Zutaten verrühren.

*Tip:*

Dieser Aufstrich kann auch als Auflage für Vollkornwaffeln oder als Tortenfüllung verwendet werden.

*... und noch ein heißer Tip...*

Als Kokoskonfekt zusätzlich etwa 1 1/2 EL Honig und etwas Rum oder einen anderen Geschmacksgeber hinzufügen. In Pralinenförmchen füllen (am besten mit Spritzbeutel). Im Tiefkühlfach gefrieren lassen.

# Mandelhonig

*Zutaten:* 
- 125 g Möhren
- 75 g Mandeln
- 50 g Butter
- 1 EL Honig
- 1 EL Zitronensaft und abgeriebene Schale einer Zitrone (aus biol. Anbau)

*Zubereitung:*

Möhren sehr fein reiben, Mandeln sehr fein mahlen.
Butter schaumig schlagen. Alle Zutaten vermengen.
Auf Apfelscheiben anrichten.

*Variation:*

Statt Mandeln Haselnüsse verwenden.

# Naschkatzen-Aufstrich

Zutaten:
- 150 g Butter
- 100 g getrocknete Feigen
- 40 g geriebene Haselnüsse
- 40 g geriebene Mandeln
- 4 EL Honig
- 2 TL Zitronensaft
- 3 EL Kakaopulver
- Zimt
- Vanille

*Zubereitung:*

Getrocknete Feigen fein hacken oder durch Fleischwolf geben.

Geriebene Haselnüsse und Mandeln in einer Pfanne trocken abrösten, danach mit dem Mixer nochmals zerkleinern.

Butter gut schaumig schlagen.

Alle anderen Zutaten nach und nach zugeben, gut verrühren. Abschmecken, einige Stunden durchziehen lassen.

Im Kühlschrank ca. 4 Tage haltbar.

# Nougatcreme

Zutaten: 125 g Erdnußmus
125 g Butter
100 g Honig
1 1/2 EL Kakao

*Zubereitung:*

Butter schaumig schlagen und mit allen anderen Zutaten gut verrühren.

*Tip:*

Für besondere Gelegenheiten Tortenplatte mit weißer Küchenpapierspitze belegen.

Bananenscheiben von etwa 1 cm Stärke aufsetzen. Mit Spritzbeutel die Nougatmasse auf Bananenscheiben geben und servieren.

# Nußcreme

*Zutaten:* 150 g Butter
100 g Haselnußmus
100 g Honig
2 EL Kakao

*Zubereitung:*

Butter schaumig schlagen und mit den übrigen Zutaten verrühren.

*Tip:*

Doppelte Menge zubereiten. Eine Häfte mit 1–2 EL Honig nachsüßen. Mit Spritzbeutel in Pralinentütchen setzen. Gefrieren lassen. Ein leckeres Eiskonfekt!

# Orangenaufstrich

*Zutaten:*  3 Orangen
 1/2 Zitrone
 2–3 EL Honig
 15 g Naturreis sehr fein mahlen
  Vanille

*Zubereitung:*

Die Orangen filieren.* Honig und Zitronensaft verrühren. Orangenfilets darin ca. 1 Stunde marinieren.*

Filets pürieren, zum Kochen bringen, Reismehl mit Schneebesen einrühren. Ca. 3–5 Minuten kochen, dann ausquellen lassen.

Zum Schluß mit Vanille und Honig abschmecken, erkalten lassen.

Die Menge des Reismehls richtet sich natürlich nach der Größe der Orangen, die Honigmenge nach Ihrem persönlichen Geschmack.

\* *Filieren:*
Orange in einzelne Stücke zerteilen. An der schmalen Seite des Fruchtstücks Haut mit einem Messer öffnen und Filets herauslösen

\* *Marinieren:*
In Marinade (in diesem Fall Flüssigkeit aus Honig und Zitronensaft) einlegen.

# Pflaumenmus

*Zutaten:* 250 g Trockenpflaumen ohne Stein
2 MS Zimt
1 MS Nelken
1/2 TL abgeriebene Zitronenschale (aus biol. Anbau)
1 TL Honig

*Zubereitung:*

Pflaumen über Nacht mit Wasser bedeckt einweichen.
Früchte auf einem Sieb abtropfen lassen, danach pürieren.
Mit anderen Zutaten abschmecken.

*Tip:*

Werden die Gewürze bereits ins Einweichwasser gegeben, ist der Geschmack intensiver.

Das Mus kann auch aus anderen Trockenfrüchten, z. B. Aprikosen, Birnen, Äpfeln, zubereitet werden.

Schmeckt auch gut zu frischen Waffeln.

*Variation:*

Pflaumen zusammen mit einer Banane pürieren.

# Sesam-Honig-Aufstrich

*Zutaten:* 
- 150 g Sesam
- 1/2 TL Vanille
- 2 EL Honig
- 6 EL geschlagene Sahne
- 50 g Weizenkörner oder Weizenkeimlinge

*Zubereitung:*

Weizen 2–3 Tage vorher zum Keimen bringen oder die ganzen Getreidekörner am Abend vor der Zubereitung in wenig Wasser einweichen.

Sesam in einer Pfanne ohne Fett leicht anrösten, abkühlen lassen. Danach mit Mixer, Schlagmesser oder Passierstab gut zerkleinern.

Alle Zutaten mit den grob zerkleinerten Weizenkörnern bzw. Weizenkeimlingen gut vermischen.

# Südseetraum

*Zutaten:*  1/2 Tasse     getrocknete Aprikosen
 1/2 Tasse     Rosinen
 3/4 Tasse     Apfelsaft
 1             Apfel
 etwas         Zitronensaft
 1 PR          Zimt
 1 PR          Ingwer
 2 Hände voll fein gemahlene Nüsse

*Zubereitung:*

Aprikosen und Rosinen in Apfelsaft knapp bedeckt über Nacht einweichen. Apfelsaft natürlich ohne Fabrikzucker!
 Am nächsten Morgen zusammen mit dem Apfel und Zitronensaft pürieren.
 Zimt, Ingwer und Nüsse hinzufügen.

*Variation:*

Mangos statt Aprikosen

# Süleimans – Gaumenfreude

*Zutaten:*

| | | |
|---|---|---|
| | 250 g | Trockenobst, z. B. Datteln, Feigen, Aprikosen, Äpfel, Birnen, Mango, Papaya oder Mischungen mit Weinbeeren und Sultaninen |
| | 200 ml | Apfelsaft (naturrein) Saft und Schale einer unbehandelten Zitrone. Schale der Zitrone feinreiben. |
| | 1 TL | Zimt |
| | 1,5 EL | Kartoffelmehl, selbst hergestellt, oder sehr feines Reismehl |
| | 150 g | blaue Weintrauben |

*Zubereitung:*

Trockenobst über Nacht in Apfelsaft einweichen.

Am nächsten Morgen den Apfelsaft abschütten, Zitronensaft hinzufügen. (Saft muß 200 ml ergeben) Mit einem Teil der kalten Flüssigkeit das Kartoffelmehl anrühren, den Rest Saft zum Kochen bringen. Den Topf von der Wärmequelle nehmen und das angerührte Kartoffelmehl unter Rühren einlaufen lassen und aufkochen.

Die eingeweichten Früchte, die frischen Trauben, den Zimt und die Zitronenschale mit einem Passierstab, oder im Mixer zu Mus zerkleinern.

Den angedickten Saft unterrühren.

In kleine Gläschen füllen und erkalten lassen.

*Tip:*

Kartoffelmehl gewinnen Sie am besten, wenn Sie Kartoffelklöße aus rohen, ungeschälten Kartoffeln herstellen. Das Kartoffelwasser, das beim Reiben der Kartoffeln anfällt, auffangen und stehen lassen. Dabei setzt sich Stärke ab. Das braune Wasser abschütten und mit frischem Wasser auffüllen. Die Stärke aufrühren und wieder stehen lassen. Den Vorgang mehrmals wiederholen, bis das Wasser klar ist. Das Wasser abschütten, die abgesetzte Stärke aus dem Topf nehmen, auf ein Geschirrtuch legen und trocknen lassen. Die getrockneten Kartoffelmehlbröckchen in einer elektrischen Kaffeemühle zerschlagen.

*Rezeptidee: Veronika Gerz*

# Tropica Fruchtzauber

*Zutaten:* 150 g  *getrocknete* Papaya oder andere tropische Früchte (z. B. Ananas, Mango, Bananen)
Apfelsaft (ohne Fabrikzucker!)
1 große Scheibe frische Ananas
1 Banane
1 Stück Melone, etwa 100 g

*Zubereitung:*

Trockenfrüchte in Apfelsaft knapp bedeckt über Nacht einweichen. Auf Sieb abtropfen lassen und zusammen mit den frischen Früchten pürieren.

# Tunesische Dattelcreme

Zutaten:     125 g      Butter
             8–10       Datteln
             1 TL       Zitronensaft

*Zubereitung:*
Butter schaumig schlagen.
   Datteln entkernen und im Mixer gut zerkleinern. Alle Zutaten gut vermischen.

*Herzlichen Dank an Katharina Kiechle.
Sie schickte uns dieses Rezept und schrieb:
„Eine Köstlichkeit! Stammt übrigens von meinem Sohn, der letztes Jahr
20 kg herrlichste Datteln aus Tunesien mitbrachte."*

Na denn … auf nach Tunesien!

*Wußten Sie, daß...*

Sie Orangeat und Zitronat selbst herstellen können? Unbehandelte Früchte dünn schälen (weiße Haut entfernen). Schale würfeln und 2–3 Tage in Akazienhonig legen.

# Was nützt der beste Aufstrich ohne gutes Brot...

*Brötchenkranz* *Rezepte S. 121*

*Unser täglich Gipsbrot...*

So unbefangen, wie es vor rund 2000 Jahren gedacht war, können wir die alte Bitte um unser täglich Brot heute nicht mehr aussprechen.

Der deutsche Dichter Jean Paul Richter, ein Goethe-Zeitgenosse, soll einmal gesagt haben: „Nur ein Gott kann die Wurst essen, denn nur er weiß, was drin ist." Das gilt ebenfalls für das Brot, das üblicherweise angeboten wird.

Rund 80 kg Brot verzehrt jeder Bundesbürger pro Jahr. Er freut sich an der Vielfalt, hat aber meistens keine Ahnung, was er wirklich alles mitißt und wie ein gutes und gesundes Brot beschaffen sein sollte – es sei denn, er kauft sein Brot bei einem Bäcker seines Vertrauens. Der versteht sein Handwerk noch, mahlt das Getreide selbst und backt sein Brot aus echtem Schrot und Korn... ohne Zusatzstoffe und Backhilfsmittel.

Die Produkte, die als Vollkornbrot, Vollkornbrötchen oder Vollkorngebäck im Supermarkt oder „normaler" Backerei deklariert werden, sind meistens nicht aus dem vollen Korn, wie der Kunde meint, sondern verdanken ihr Aussehen der Lebensmittelchemie, die aus Auszugsmehl Vollkornprodukte „zaubern" kann.

Annähernd 200 Zusatzstoffe und unter anderem Gips (Calciumsulfat) sind in den Fertigmischungen enthalten und dürfen ohne Deklaration verwendet werden.

Chemie im Brot? Nein, danke. Wir backen selbst. Probieren Sie es doch auch einmal aus. Dann weiß nicht nur der liebe Gott, was drin ist, sondern auch Sie.

Guten Appetit!

# Bauernbrot

| | | |
|---|---|---|
| *Vorteig:* | 125 g | Sauerteig (Zubereitung s. S. 131) |
| | 1/2 l | lauwarmes Wasser |
| | 400 g | Roggenvollkornmehl |
| *Hauptteig:* | 800 g | Roggenvollkornmehl |
| | 400 g | Weizenvollkornmehl |
| | 3 | gehäufte TL Vollmeersalz |
| | 2 EL | Kümmel, ganz |
| | 1 EL | Koriander, ganz |
| | 1 TL | Anis, ganz |
| | 1 TL | Fenchel, ganz |
| | 1/2 TL | Kardamom, gemahlen |
| | 3/4 l | lauwarmes Wasser |
| | ca. 100 g | Streumehl, Kümmel |

*Zubereitung:*

Sauerteig in 1/2 l lauwarmem Wasser auflösen und frisch gemahlenes Roggenmehl einrühren. Zugedeckt bei 25–28 Grad im Backofen ca. 12 Stunden gären lassen.

Nun frisch gemahlenes Roggen- und Weizenmehl in einer Schüssel mit den angegebenen Gewürzen mischen. In die Mehlmitte eine Vertiefung drücken, Vorteig hineingeben und alles vermengen. Unter Zugabe von lauwarmem Wasser den Teig kräftig durchkneten – etwa 15 Minuten –, bis Teig sich von der Schüssel löst.

Teigkloß mit Vollkornmehl bestreuen und etwa 2 Stunden bedeckt an einem warmen Ort gehen lassen. Die Gärdauer hängt wieder von der gleichbleibenden Wärme ab.

Hat der Teig sich um etwa die Hälfte vergrößert und zeigen sich kleine Risse an der Oberfläche, nochmals auf bemehlter Arbeitsfläche gut durchkneten. Dann eine Kugel formen und diese mit dem Teigschluß nach unten in ein gut bemehltes Backkörbchen oder in eine gebutterte Kuchenform geben. Mit einem Schaschlikhölzchen mehrmals in die Brotoberfläche stechen oder in die Mitte ein Kreuz schneiden. Bei gleichbleibender Wärme zugedeckt gehen lassen. Dauer: 45–60 Minuten. Hat sich der Teig vergrößert und zeigen sich an der Oberfläche kleine Risse, können Sie das Brot abbacken. Dazu das Brot aus dem Gärkorb auf gefettetes oder bemehltes Backblech stürzen oder in der Form in den Backofen schieben. Das Brot in der *Kuchenform* vorher gut mit Wasser besprühen.

*Backzeit:*

10 Minuten bei höchster Hitze, danach 45 Minuten bei 180–200 Grad backen.

Brot herausnehmen, und das *Kuchenformbrot* sofort mit kaltem Wasser besprühen. Auf ein Gitter legen bzw. stürzen und auskühlen lassen.

*Tip:*

Damit die Gärung gut gelingt, folgender Tip: Stellen Sie ein altes Lämpchen mit einer 25-Watt-Birne in den Backofen. Lassen Sie es während der 12stündigen Gärzeit brennen. Dadurch entsteht eine gleichbleibende Temperatur, und es ist die Gewähr gegeben, daß der Vorteig bestens gelingt.

---

*Aufbewahrung von Brot*

Das obige Brot hält sich drei Wochen, wenn Sie es in ein Geschirrtuch einwickeln und dann in eine Plastiktüte stecken. Die Tüte nicht fest verschließen. In kühlem Raum lagern.

*Ein Mensch gelangt mit Müh und Not
vom Nichts zum ersten Stückchen Brot.
Vom Brot zur Wurst geht's dann schon besser;
der Mensch entwickelt sich zum Fresser.
Und sitzt nun scheinbar ohne Kummer
als reicher Mann bei Sekt und Hummer.
Doch sieh, zu Ende ist die Leiter:
Vom Hummer aus geht's nicht mehr weiter.
Beim Brot, so meint er, war das Glück,
doch findet er nicht mehr zurück.*

*Eugen Roth*

# Dinkelbrötchen

*Zutaten:* 750 g Dinkel
420 g Wasser
1 Würfel frische Hefe
2 TL Vollmeersalz

Diese Menge ergibt 13 Brötchen

*Veränderung:* 100 g Sonnenblumenkerne oder 100 g grob geschroteten Hafer in den Teig einkneten.

*Zubereitung:*

Frisch gemahlenen Dinkel in eine Schüssel geben, in die Mitte eine Vertiefung drücken. Hefe in etwa 100 g warmem Wasser (von der vorgegebenen Wassermenge abnehmen) auflösen, in die Mehlmitte gießen und zu einem dicklichen Brei verrühren. Mit Mehl bestäuben, etwa 15 Miunten gehen lassen. Salz im restlichen Wasser auflösen, etwa 5–10 Minuten mit dem Teig verkneten, bis er zäh wird.

Mit angefeuchtetem Löffel pfirsichgroße Stücke abstechen, mit angefeuchteten Händen zu runden oder länglichen Brötchen formen und sofort auf ein gefettetes Blech setzen, mit Wasser besprühen.

*Sofort* in einen auf 250 Grad vorgeheizten Backofen schieben.

*Backzeit:*

250 Grad 10 Minuten, danach
200 Grad 10 Minuten
Nach dem Backen nochmals mit Wasser besprühen.

*Tip:*

Wenn die Brötchen einen Schnitt haben sollen, wird mit einem feuchten Messer ein Schnitt in die Mitte des Brötchens gezogen.

Wenn die Zubereitung noch schneller gehen soll, kann auf die erste Gehzeit von 15 Minuten verzichtet werden.

Wenn die Brötchen in einer Pizzaform oder Springform dicht zusammengesetzt werden, ergibt es ein dekoratives Partyrad. Abb. s. S. 116.

*Variation:*

Bevor Brötchen auf's Blech gesetzt werden, mit Wasser bestreichen und in Mohn, Sesam oder Sonnenblumenkernen wälzen.

# Schnelles Dinkel-Buchweizen-Brot

Zutaten:   400 g    Dinkel
100 g    Buchweizen
2 TL    Salz
2–3 EL    Obstessig
25 g    Hefe
1/2 l    warmes Wasser
je eine 3/4 Tasse Leinsamen, Sesam, Sonnenblumenkerne
(nicht mahlen!)

Zubereitung:

Dinkel und Buchweizen fein mahlen.
Hefe in etwas warmem Wasser auflösen.
Alle Zutaten in einer Rührschüssel mit dem Elektrorührer verrühren.
Die Masse in eine gefettete Kastenform geben. *Nicht mehr gehen lassen!*

Backzeit:

Im vorgeheizten Ofen ca. 1 Stunde bei 220 Grad backen.

# Festtagsbrot

*Zutaten:*     700 g     Weizenvollkornmehl
                1/4 l      Milch (oder Sahne-
                             Wasser-Gemisch)
                40 g      Hefe

*Hauptteig:*    125 g     Butter
                100 g     Honig
                2           Eier
                1 TL      Vollmeersalz
                1/2 TL   Vanille
                1           Zitrone (Saft) + abgeriebene Schale
                150 g     Rosinen
                50 g      Zitronat
                50 g      Orangeat
                1           Ei zum Bestreichen

*Zubereitung:*

*Hefe*vorteig in der lauwarmen Flüssigkeit verrühren und in die Mitte des frisch gemahlenen Vollkornmehls gießen. Von der Mitte aus einen Teil des Mehls zu einem dicken Brei verrühren. Mit Mehl bestreuen, 15 Minuten gehen lassen.

Für den Hauptteig Butter, Honig und Eier cremig rühren und mit allen angegebenen Zutaten zum Vorteig geben. 5–10 Minuten kneten und mit etwas Mehl bestreut und einer Folie abgedeckt ca. 30–45 Minuten gehen lassen.

Wenn sich der Teig verdoppelt hat, nochmals zusammenkneten, in drei Teile schneiden und aus jedem Teil einen runden Laib formen. Mit dem Teigschluß nach unten auf ein gefettetes Blech setzen, mit Wasser besprühen und 10–15 Minuten gehen lassen.

Mit verquirltem Ei bestreichen, kreuzförmig einschneiden, in den auf höchster Stufe vorgeheizten Backofen schieben.

*Backzeit:*

200 Grad, 45 Minuten

# Fladen mit Zwiebeln oder Pilzen

*Zutaten:* 400 g Weizenvollkornmehl
300 g Roggenvollkornmehl
250 g lauwarmes Wasser
40 g Hefe

*Zubereitung:*

Mehl vermischen, in die Mitte eine Vertiefung drücken und die in Wasser aufgelöste Hefe hineingießen. Von der Mitte ausgehend einen Teil des Mehls zu einem dicken Brei verrühren. Mit Mehl bestreuen, 15 Minuten gehen lassen.

250 g lauwarmes Wasser oder Buttermilch
2 TL Vollmeersalz
30 g Butter

Salz in Wasser auflösen, Butter zerlassen und zum Teig geben. Alles gut verkneten, mit Mehl bestreuen und 30 Minuten gehen lassen.

Den Teig noch einmal zusammendrücken und wiederum 15 Minuten gehen lassen.

| | | |
|---|---|---|
| *Belag:* | 350 g | Zwiebeln oder Pilze |
| | 50 g | Butter |
| | 1 TL | Kräutersalz |
| | 1 TL | Kümmel |
| | | Streumehl |
| | 20 g | Butter zum Bestreichen |

Zwiebeln grob würfeln, in Butter glasig dünsten. Salzen. Bei Pilzen evtl. mit Kümmel würzen.

Teig auf bemehlter Arbeitsplatte in 1/2 cm Stärke ausrollen.

Runde Fladen von etwa 10–11 cm Durchmesser ausstechen und auf ein gefettetes Backblech legen. Den Rand des Fladens ca. 1 cm tief, im Abstand von etwa 1–2 cm einschneiden und 2 cm breit mit zerlassener Butter bestreichen.

Mit den Fingern eine Vertiefung in die Mitte des Fladens drücken, die gedünsteten Zwiebeln oder/und Pilze hineingeben. Ca. 15 Minuten angehen lassen. Mit Wasser besprühen.

*Backzeit:*

10 Minuten bei höchster Hitze auf mittlerer Schiene und
10 Minuten bei 180 Grad backen

# Grünkern-Möhren-Brot

*Zutaten:*

| | | |
|---|---|---|
| 200 g | | kaltes Wasser |
| 1 | TL | Vollmeersalz |
| 1/2 | TL | Honig |
| 1 | | Würfel Hefe |
| 1 | EL | Olivenöl |
| 150 g | | Möhren fein reiben |
| 400 g | | Weizen fein mahlen |
| 100 g | | Grünkern fein mahlen |
| 125 g | | Haselnüsse fein reiben |
| 3 | TL | gemahlener Koriander |
| 2 | TL | getrockneter Thymian |
| 1 | TL | Rosmarin fein gehackt |
| | | Wasser zum Bestreichen |
| 30 g | | Butter |

*Zubereitung:*

Alle Zutaten der Reihe nach in die Rührschüssel der Küchenmaschine geben und mit dem Knethaken zu einem weichen Teig verarbeiten.

10 Minuten gründlich kneten. Kann auch mit der Hand zubereitet werden.

Bei Zimmertemperatur ca. 1 Stunde gehen lassen.

Das Backblech mit Butter einfetten. Den Teig von Hand kurz, aber kräftig durchkneten, eine glatte Kugel daraus rollen, auf das Backblech legen und zu einem ovalen Laib formen. Das Brot auf der Oberseite zweimal einschneiden, mit Wasser besprühen und 10 bis 20 Minuten ruhen lassen.

In den vorgeheizten Ofen schieben.

*Backzeit:*

250 Grad 25 Minuten, danach
200 Grad 25 Minuten
Nachwärme 10 Minuten

# Kartoffelbrot

*Zutaten:*  500 g  Weizenvollkornmehl
 1  Würfel Hefe
 1 TL  Salz
 3  mittelgroße Kartoffeln roh raspeln
 1/4 l  Buttermilch oder Sahne-Wasser-Gemisch
   Butter zum Bestreichen

*Zubereitung:*

Frisch gemahlenes Vollkornmehl in eine Schüssel geben, in die Mitte eine Vertiefung drücken. Hefe in warmer Buttermilch auflösen, in die Mehlmitte gießen und zu einem dicklichen Brei verrühren. Mit Mehl bestäuben, etwa 15 Minuten gehen lassen.

Danach Kartoffelmasse und Salz unterkneten. Teig in gefettete Kastenform füllen, gehen lassen.

*Backzeit:*

Bei 200 Grad ca. 50 Minuten backen.

Nach dem Backen aus der Form nehmen. Brotoberfläche mit flüssiger Butter bestreichen.

# Knäckebrot mit Sesam oder Mohn

*Zutaten:* 
- 300 g Weizenvollkornmehl
- 1 TL Vollmeersalz
- 1/4 l Wasser – knapp bemessen
- 40 g Butter
- 100 g Sesam oder Mohn
- 10 g Butter zum Einfetten des Backblechs

*Zubereitung:*

Mehl mit Salz und kaltem Wasser verkneten. Zerlassene Butter dazugeben, durchkneten. 15 Minuten Teigruhe.

Backblech leicht einfetten.

Die Hälfte Sesam oder Mohn in den Teig kneten und diesen mit dem Nudelholz oder kleinem Teigroller auf dem Blech glatt und gleichmäßig dick auswalzen.

Restliche Sesam- bzw. Mohnmenge aufstreuen und mit dem Roller leicht festdrücken.

Den Teig mit dem Messer oder Teigrädchen in die gewünschte Knäckebrotgröße einteilen.

In den vorgeheizten Ofen schieben.

*Backzeit:*

220 Grad, 15–20 Minuten

Mit dem Pfannenwender vom Blech nehmen, auf Gitter auskühlen lassen. Die Stücke am Backblechrand können, je nach Hitzeeinwirkung, schneller bräunen. Gebräunte Knäckebrote abnehmen, und die hellen Teile nochmals in den Backofen schieben, bis auch sie die gewünschte Farbe erreicht haben.

*Variation:*

Es muß kein maßgeschneidertes Knäckebrot gebacken werden. Rollen Sie kleine Teigstücke von der Größe einer Clementine in alle Richtungen auf dem Blech möglichst dünn aus. Es entstehen bizarre Formen, die Sie als Sesamfladen servieren können.

# Mohnzöpfchen

*Zutaten:*　　200 g　　Hartweizen, fein gemahlen
　　　　　　　300 g　　Dinkel, fein gemahlen
　　　　　　　200 g　　Sahne
　　　　　　　150 g　　Wasser
　　　　　　　　1　　　Würfel Hefe
　　　　　　　1 TL　　Salz

*Zubereitung:*

Alle Zutaten mischen und gut kneten. 45 Minuten gehen lassen.
　Den Teig nochmals gut kneten und in 8 Stücke teilen.
　Jedes Stück dreiteilen und kleine Stränge rollen von ca. 18 cm Länge.
　Zöpfchen flechten, mit Sahne bestreichen und mit Mohn (oder Sesam) bestreuen.
　Auf dem gefetteten Backblech 15 Minuten gehen lassen. In den vorgeheizten Ofen schieben.

*Backzeit:*

250 Grad ca. 15 Minuten mit Dampf backen.

*Herlichen Dank für dieses tolle Rezept an Barbara Grün*

# Roggen-Weizen-Mischbrot

*Vorteig:*     125 g   Sauerteig
                    400 g   Roggenvollkornmehl
                    350 g   Wasser, ca. 40 Grad

*Zubereitung Vorteig:*

Alle Zutaten verrühren, abdecken und 12 Stunden bei 25–28 Grad im Backofen gären lassen.

*Hauptteig:*   800 g   Weizenvollkornmehl
                    400 g   Roggenvollkornmehl
                      30 g   Vollmeersalz
                    700 g   warmes Wasser, ca. 40 Grad

Kümmel, Koriander, Fenchel kann – je nach Geschmack – beigegeben werden.

Je nachdem, wie trocken dieses Getreide ist, kann die Wassermenge etwas erhöht werden.

Vorteig und Hauptteig zusammenkneten und zwei Stunden gehen lassen – je nach Raumtemperatur.

Danach noch einmal gut durchkneten, in geölte Kastenformen setzen und nochmals eine Stunde gehen lassen.

*Backzeit:*

10 Minuten bei höchster Hitze backen, danach
45 Minuten bei 190 Grad.
Die Gesamtmenge ergibt zwei Brote von jeweils 1400 Gramm.

# Herstellung des Sauerteigs

*1. Stufe*     3 EL   frisch gemahlenes Roggenvollkornmehl
               3 EL   Wasser, ca. 40 Grad warm

Mehl mit Wasser verrühren. Dann mit Folie gut abdecken und bei 25–28 Grad einen Tag (besser zwei Tage) stehen lassen.
   Als Gefäß eignet sich auch sehr gut ein hohes Weckglas (2-l-Glas) mit Deckel.

*2. Stufe*     3 EL   frisch gemahlenes Roggenvollkornmehl
               3 EL   Wasser, ca. 40 Grad warm

Diese Menge mit dem vorigen Ansatz (1. Stufe) verrühren. Der erste Ansatz riecht bereits angenehm säuerlich. Die ganze Masse wieder abdecken und wieder 24 Stunden bei 25–28 Grad stehen lassen.

*3. Stufe*     100 g   frisch gemahlenes Roggenvollkornmehl
               100 g   Wasser, ca. 40 Grad warm

Diese Menge mit dem vorigen Ansatz (Stufe 1 und 2) verrühren, nochmals einen Tag abgedeckt bei ca. 25–28 Grad stehen lassen.
   Den nicht benötigten verbleibenden Sauerteigrest in ein Schraubglas füllen und im Kühlschrank aufbewahren. Beim nächsten Backen geht die Sauerteigzubereitung mit dem Rest (den verwahrten 100 g) viel schneller.

*Tip:*
Denken Sie an den Trick, eine Lampe mit 25 Watt-Birne in den Backofen zu stellen (s. S. 118).

*Reiskur*

*Der Patient hat fest versprochen,
Nur Reis zu essen, sieben Wochen.
Erst tut er's streng: salzlos, gewässert,
Dann insgeheim schon leicht verbessert;
Dann in der Form des süßen Breis;
Dann Reis mit Huhn; dann Huhn mit Reis –
Um im Gefühle eines Helden
Beim Doktor wieder sich zu melden.
Und sieh! Der Patient hat Glück:
Der hohe Blutdruck ging zurück,
Und beide singen Lob und Preis
Dem wundertätig-edlen Reis.*

Eugen Roth

# Der geheilte Patient

Reiche Leute haben trotz ihrer gelben Vögel doch manchmal auch allerlei Lasten und Krankheiten auszustehen, von denen gottlob! der arme Mann nichts weiß; denn es gibt Krankheiten, die nicht in der Luft stecken, sondern in den vollen Schüsseln und Gläsern und in den weichen Sesseln und seidenen Betten, wie jener reiche Amsterdamer ein Wort davon reden kann. Den ganzen Vormittag saß er im Lehnsessel und rauchte Tabak, wenn er nicht zu faul war, oder hatte Maulaffen feil zum Fenster hinaus, aß aber zu Mittag doch wie ein Drescher, und die Nachbarn sagten manchmal: „Windet's draußen oder schnauft der Nachbar so?" – Den ganzen Nachmittag aß und trank er ebenfalls, bald etwas Kaltes, bald etwas Warmes, ohne Hunger und ohne Appetit, aus lauter Langeweile, bis an den Abend, also daß man bei ihm nie recht sagen konnte, wo das Mittagessen aufhörte und wo das Nachtessen anfing. Nach dem Nachtessen legte er sich ins Bett und war so müd, als wenn er den ganzen Tag Steine abgeladen oder Holz gespalten hätte. Davon bekam er zuletzt einen dicken Leib, der so unbeholfen war wie ein Maltersack. Essen und Schlaf wollte ihm nimmer schmecken, und er war lange Zeit, wie es manchmal geht, nicht recht gesund und nicht recht krank; wenn man aber ihn selber hörte, so hatte er dreihundertfünfundsechzig Krankheiten, nämlich alle Tage eine andere. Alle Ärzte, die in Amsterdam sind, mußten ihm raten. Er verschluckte ganze Feuereimer voll Mixturen und ganze Schaufeln voll Pulver, und Pillen wie Enteneier so groß, und man nannte ihn zuletzt scherzweise nur die zweibeinige Apotheke. Aber alles Doktern half ihm nichts, denn er folgte nicht, was ihm die Ärzte befahlen, sondern sagte: „Also, wofür bin ich ein reicher Mann, wenn ich soll leben wie ein Hund, und der Doktor will mich nicht gesund machen für mein Geld?" Endlich hörte er von einem Arzt, der hundert Stund weit weg wohnte, der sei so geschickt, daß die Kranken gesund werden, wenn er sie nur recht anschaue, und der Tod geh ihm aus dem Weg, wenn er sich sehen lasse. Zu dem Arzt faßte der Mann ein Zutrauen und schrieb ihm seinen Umstand. Der Arzt merkte bald, was ihm fehle, nämlich nicht Arznei, sondern Mäßigkeit und Bewegung, und sagte: „Wart, dich will ich kuriert haben." Deswegen schrieb er ihm ein Brieflein folgenden Inhalts: „Guter Freund, Ihr habt einen schlimmen Umstand, doch wird Euch zu helfen sein, wenn Ihr folgen wollt. Ihr habt ein bös Tier im Bauch, einen Lindwurm mit sieben Mäulern. Mit dem Lindwurm muß ich selber reden, und Ihr müßt zu mir kommen. Aber fürs erste, so dürft Ihr nicht fahren oder auf dem Rößlein reiten, sondern auf des Schumachers Rappen, sonst schüttelt Ihr den Lindwurm, und er beißt Euch die Eingeweide ab, sieben Därme auf einmal ganz entzwei. Fürs andere dürft Ihr nicht mehr essen als zweimal des Tages einen Teller voll Gemüs, mittags ein Bratwürstlein dazu und nachts ein Ei und am Morgen ein Fleischsüpplein mit Schnittlauch drauf. Was Ihr mehr esset, davon wird nur der Lindwurm größer, also daß er Euch die Leber verdruckt und der Schneider hat Euch nimmer viel anzumessen, aber der Schreiner. Dies ist mein Rat, und wenn Ihr mir nicht folgt, so hört Ihr im anderen Frühjahr den Kuckuck nimmer schreien. Tut, was Ihr woll!" Als der Patient so mit ihm reden hörte, ließ er sich sogleich den anderen Morgen die Stiefel salben und machte sich auf den Weg, wie ihm der Doktor befohlen hatte. Den ersten Tag ging es so langsam, daß perfekt eine Schnecke hätte können sein Vorreiter sein, und wer ihn grüßte, dem dankte er nicht, und wo ein Würmlein auf der Erde kroch, das zertrat er. Aber schon am zweiten und am dritten Morgen kam es ihm vor, als wenn die Vögel schon lange nimmer so lieblich gesungen hätten wie heut, und der Tau schien ihm so frisch und die Kornrosen im Feld so rot, und alle Leute, die ihm begegneten, sahen so freundlich aus, und er auch; und alle Morgen, wenn er aus der Herberge ausging, war's schöner, und er ging leichter und munterer dahin, und als er am achtzehnten Tage in der Stadt des Arztes ankam und den andern Morgen aufstand, war es ihm so wohl, daß er sagte: „Ich hätte zu keiner ungeschicktern Zeit können gesund werden als jetzt, wo ich zum Doktor soll. Wenn's mir doch nur ein wenig in den Ohren brauste, oder das Herzwasser lief mir." Als er zum Doktor kam, nahm ihn der Doktor bei der Hand und sagte ihm: „Jetzt erzählt mir denn noch einmal von Grund aus, was Euch fehlt." Da sagte er: „Herr Doktor, mir fehlt gottlob nichts, und wenn Ihr so gesund seid wie ich, so soll's mich freuen." Der Doktor sagte: „Das hat Euch ein guter Geist geraten, daß Ihr meinem Rat gefolgt habt. Der Lindwurm ist jetzt abgestanden. Aber Ihr habt noch Eier im Leib. Deswegen müßt Ihr wieder zu Fuß heimgehen und daheim fleißig Holz sägen, das niemand sieht, und nicht mehr essen, als Euch der Hunger ermahnt, damit die Eier nicht ausschlupfen, so könnt Ihr ein alter Mann werden", und lächelte dazu. Aber der reiche Fremdling sagt: „Herr Doktor, Ihr seid ein feiner Kauz, und ich versteh Euch wohl", und hat nachher dem Rat gefolgt und siebenundachtzig Jahre, vier Monate, zehn Tage gelebt, wie ein Fisch im Wasser so gesund, und hat alle Neujahr dem Arzt zwanzig Dublonen zum Gruß geschickt.

*Johann Peter Hebel*

# Ein Verlag, ein Haus, eine Philosophie.

Millionen Bundesbürger kennen den kämpferischen Ganzheitsarzt Dr. Max Otto Bruker (1909–2001) aus dem Fernsehen, aus Vorträgen, durch den „Mundfunk" überzeugter Patienten. Vor allem lesen sie aber die rund 30 Bücher des schwäbischen Humanisten und Seelenarztes. Mit einer Gesamtauflage von über drei Millionen Exemplaren ist Max Otto Bruker der wohl bedeutendste medizinische Erfolgsautor im deutschsprachigen Raum. Der – in der Nachfolge des Schweizer Reformarztes Bircher-Benner scherzhaft „Deutschlands Vollwertpapst" genannte – Massenaufklärer, langjährige Klinikchef und Ernährungsspezialist lehrt zwei fundamentale Erkenntnisse Patienten wie Gesunden: Der Mensch wird krank, weil er sich falsch ernährt. Der Mensch wird krank, weil er falsch lebt.

Hinter den Erfolgstiteln des emu-Verlages steht ein bedeutender Forscher und Arzt, eine Bewegung, ein Haus und Tausende Schülerinnen und Schüler. 1994 wurde das „Dr.-Max-Otto-Bruker Haus", das Zentrum für Gesundheit und ganzheitliche Lebensweise, auf der Lahnhöhe in Lahnstein bei Koblenz bezogen. Es stellt die äußere Krönung des Brukerschen Lebenswerkes dar: Der lichte Bau mit seinem Grasdach, den Sonnenkollektoren und den Wasserrecyclinganlagen, seinen Seminarräumen, dem Foyer mit der Glaskuppel und dem liebevollen Biogarten ist als Treffpunkt für all jene konzipiert, denen körperliche und seelische Gesundheit, ökologische und spirituelle Harmonie Herzensbedürfnis und Sehnsucht sind.

Hinter dem eleganten Halbmondkorpus mit dem markanten Grasdach verbirgt sich eine Begegnungsstätte für Gesundheitsbewußte, Seminarteilnehmer, Trost-, Ruhe- und Anregungsbedürftige.

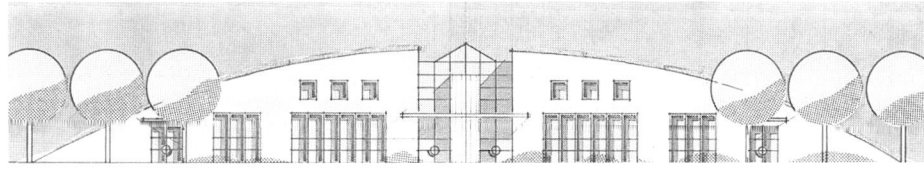

Das Dr.-Max-Otto-Bruker Haus

**Feste Termine:**

Jeden Dienstag, 18.30 Uhr: Vortrag Dr. phil. Mathias Jung (Lebenshilfe und Philosophie)
Jeden Mittwoch, 10.30 Uhr: Fragestunde mit Dr. Birmanns (Ärztlicher Rat aus ganzheitlicher Sicht)

## Ausbildung Gesundheitsberater/in GGB
## Lebensberatung/Frauen-, Männer- und Paargruppen

Die vitalstoffreiche Vollwertkost hat ihre Verbreitung, auch im klinischen Bereich, durch die unermüdliche Information und praktische Durchführung von Dr. M. O. Bruker gefunden. Um die Erkenntnisse gesunder Lebensführung und die durch falsche Ernährung provozierte Krankheitslawine ins öffentliche Bewußtsein zu rücken, bildet die von ihm 1978 gegründete „Gesellschaft für Gesundheitsberatung GGB e. V." Gesundheitsberaterinnen und Gesundheitsberater GGB aus. Über 4000 Frauen und Männer haben bislang die berufsbegleitende Ausbildung bestanden und wirken in Volkshochschulen, Bioläden, Lehrküchen, Krankenhäusern, ärztlichen Praxen, Krankenversicherungen und ähnlichen Bereichen.

Auf der Lahnhöhe erhalten sie durch das GGB-Expertenteam nicht nur eine sorgfältige Grundlagenausbildung über die vitalstoffreiche Vollwerternährung und den Krankmacher der „entnatürlichten" (denaturierten) Zivilisationsernährung (raffinierter Fabrikzucker, Auszugsmehle, fabrikatorische Öle und Fette, tierisches Eiweiß usw.), sondern gewinnen auch Einblick in die leibseelischen Zusammenhänge der Krankheiten.

Anfragen zur Gesundheitsberater-Ausbildung wie zu den Selbsterfahrungsgruppen, Lebensberatung, Paartherapie und Psychotherapie bei Dr. Mathias Jung und weiteren Tages- und Wochenendseminaren sowie Einzelberatung sind zu richten an die Gesellschaft für Gesundheitsberatung GGB e.V., Dr.-Max-Otto-Bruker-Str. 3, 56112 Lahnstein (Telefon: 0 26 21/ 91 70 10, 91 70 17, 91 70 18, Fax: 0 26 21/91 70 33).

Fordern Sie ebenfalls ein kostenloses Probe-Exemplar der Zeitschrift „Der Gesundheitsberater" an!

# Dr. med. M. O. Bruker mit Co-Autoren

Unsere Nahrung – unser Schicksal  462 S., geb.
ISBN 3-89189-003-6

Lebensbedingte Krankheiten  376 S., geb.
ISBN 3-89189-006-0

Idealgewicht ohne Hungerkur  128 S., geb.
mit Rezepten von Ilse Gutjahr
ISBN 3-89189-005-2

Stuhlverstopfung in 3 Tagen heilbar  144 S., geb.
mit Rezepten von Ilse Gutjahr
ISBN 3-89189-004-4

Herzinfarkt, Herz-, Gefäß- und Kreislauferkrankungen  184 S., geb.
ISBN 3-89189-007-9

Leber-, Galle-, Magen-, Darm- und Bauchspeicheldrüsenerkrankungen  192 S., geb.
ISBN 3-89189-008-7

Erkältungen müssen nicht sein  168 S., geb.
mit Rezepten von Ilse Gutjahr
ISBN 3-89189-009-5

Rheuma – Ursache und Heilbehandlung  184 S., geb.
mit Rezepten von Ilse Gutjahr
ISBN 3-89189-010-9

Dr. M. O. Bruker/Ilse Gutjahr
Biologischer Ratgeber für Mutter und Kind  360 S., geb.
ISBN 3-89189-011-7

Diabetes und seine biologische Behandlung  128 S., geb.
mit Rezepten von Ilse Gutjahr
ISBN 3-89189-012-5

Allergien müssen nicht sein  266 S., geb.
ISBN 3-89189-033-8

Dr. M. O. Bruker/Ilse Gutjahr
Zucker, Zucker ...  336 S., geb.
ISBN 3-89189-034-6

Hilfe bei Kopfschmerzen, Migräne und Schlaflosigkeit  168 S., geb.
ISBN 3-89189-035-4

Dr. M. O. Bruker/Ilse Gutjahr
Wer Diät ißt, wird krank  224 S., geb.
ISBN 3-89189-037-0

Dr. M. O. Bruker/Ilse Gutjahr
Cholesterin – der lebensnotwendige Stoff  144 S., geb.
ISBN 3-89189-030-2

Dr. M. O. Bruker/Ilse Gutjahr
Osteoporose – Dichtung und Wahrheit   144 S., geb.
ISBN 3-89189-038-9

Dr. M. O. Bruker/Ilse Gutjahr
Reine Frauensache   248 S., geb.
ISBN 3-89189-042-7

Dr. M. O. Bruker/Dr. phil. Mathias Jung
Der Murks mit der Milch   240 S., geb.
ISBN 3-89189-045-1

Dr. M. O. Bruker/Ilse Gutjahr
Fasten – aber richtig   176 S., geb.
ISBN 3-89189-061-3

Dr. M. O. Bruker/Ilse Gutjahr
Candida albicans – Pilze, Mykosen, Bakterien   180 S., geb.
ISBN 3-89189-069-9

Dr. M. O. Bruker/Ilse Gutjahr
Störungen der Schilddrüse   180 S., geb.
ISBN 3-89189-062-1

Dr. M. O. Bruker/Ilse Gutjahr
Krampfadern   120 S., geb.
ISBN 3-89189-074-5

Dr. M. O. Bruker
Aufmerksamkeiten   160 S., geb.
ISBN 3-89189-014-1

Dr. M. O. Bruker
Ärztlicher Rat aus ganzheitlicher Sicht   456 S., geb.
ISBN 3-89189-002-8

Dr. M. O. Bruker/Ilse Gutjahr
Naturheilkunde   320 S., geb.
ISBN 3-89189-072-9

Dr. M. O. Bruker/Rudolf Ziegelbecker
Vorsicht Fluor   432 S., geb.
ISBN 3-89189-013-3

Waltraud Becker
Lust ohne Reue – 200 Rezepte ohne tierisches Eiweiß   192 S., geb.
ISBN 3-89189-068-0

Ilse Gutjahr
Das große Dr. M. O. Bruker-Ernährungsbuch
Über 100 Rezepte!   256 S., geb.
ISBN 3-89189-065-6

Ilse Gutjahr
Grüße an deine Seele
Kalendertagebuch mit Geschichten, Gedanken und Gedichten   128 S., geb.
ISBN 3-89189-040-0

# Von Dr. Jung sind im emu-Verlag bisher erschienen:

die rote reihe, band 1   die rote reihe, band 2   die rote reihe, band 3   die gelbe reihe, band 1

die blaue reihe, band 1   die blaue reihe, band 2   Eine Bibelinterpretation von Walther H. Lechler

## Sprechstundentitel

 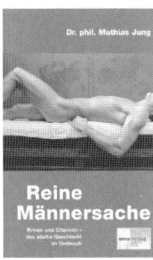  

256 Seiten, gebunden,
ISBN 3-89189-065-6

192 Seiten, gebunden,
ISBN 3-89189-068-0

Dr. med. M. O. Bruker

# UNSERE NAHRUNG – UNSER SCHICKSAL

In diesem Buch erfahren Sie alles
über Ursachen, Verhütung und
Heilbarkeit ernährungsbedingter
Zivilisationserkrankungen

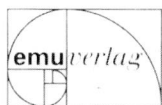

464 Seiten, gebunden,
ISBN 3-89189-003-6

# Tonkassetten aus dem emu-Verlag

**Bewährte Gesundheitsratschläge von Dr. med. M. O. Bruker:**
- Der manipulierte Patient
- Kreislaufstörungen – Blutdruck, Kreislauf, Kaffee, Tee
- Lebenskrisen
- Homöopathie
- Die Deckung des Eiweißbedarfs
- Kneippsche Maßnahmen – Wasser, Licht, Luft, Sonne, Sauna
- Kann ein Kranker organisch gesund sein? Funktionelle Störungen
- Erkrankungen der Bewegungsorgane – Rheuma, Arthritis, Arthrose
- Sie vertragen Vollwertkost nicht?
- Was macht uns krank? Warum werden die wahren Ursachen verschwiegen?
- Das Allergieproblem

**Vorträge von Dr. phil. Mathias Jung als Audiokassetten**

**Lebensberatung**
- Mein Charakter – mein Schicksal?
- Depression als Chance
- Das Verdrängte in unserer Seele
- Die Wunde der Ungeliebten
- Das Nein in der Liebe
- Was ist der Sinn des Lebens?
- Meine Sprache – meine Seele
- Söhne brauchen Väter
- Krankheit als Kränkung und Anpassung
- Eifersucht – ein Schicksalsschlag?
- Der Mann – ein emotionales Sparschwein
- Der kleine Prinz – mein verschüttetes Ich
- Geschwisterliebe – Geschwisterrivalität
- Verlassen und verlassen werden
- Neurodermitis – Fehlernährter Körper – Aufgekratzte Seele
- Froschkönig – Glück und Zähneklappern der Liebe
- Das verletzte Kind in mir oder Hans mein Igel
- Sein und Schein oder Des Kaisers neue Kleider
- Schneewittchen oder das Drama des Neides
- Das sprachlose Paar
- Zweite Lebenshälfte – Endlichkeit und Aufbruch
- Siddharta: das Rätsel des Lebens
- Das Drama der Trennung
- Ein Zimmer für mich
- Eisenhans oder Wie ein Mann ein Mann wird
- Mut zur Angst
- Das tapfere Schneiderlein oder Mut zum Leben
- Sexualität – Lust und Last
- Eigensinn oder Die Möwe Jonathan
- Außenbeziehung – Krise oder Chance
- Elternablösung – Hänsel und Gretel
- Liebesverträge in der Beziehung
- Lob der Einsamkeit
- Aggressionen unter Liebenden
- Mehr Zeit für mich
- Alkoholkrank: Der Betroffene und seine Familie
- Lebensbedingte Krankheiten nach Dr. M. O. Bruker
- Außenseiter – Das hässliche Entlein
- Befreiung der Weiblichkeit – Das Märchen Blaubart
- Tödliches Schweigen – Der Fischer und seine Frau
- Meditation: Freude – Angst – Hoffnung
- Alter und Tod. Rätsel der Natur
- Verzeihen und Versöhnen
- Frieden mit den Eltern
- Das Paar im Wandel: Jugend, Mitte, Alter
- Sexueller Missbrauch
- Seele – Sucht – Sehnsucht
- Organtransplantation – Sterben auf Bestellung?

**Philosophie**
- Sokrates oder Die Norm meines Gewissens
- Seneca oder Die Freude des Augenblicks

- Augustinus oder Der Zwiespalt
- Giordano Bruno oder Die neue Welt
- Descartes oder Der Januskopf der Wissenschaft
- Spinoza oder Das Abenteuer der Diesseitigkeit
- Hobbes oder Die Zähmung der Bestie Mensch
- Leibniz oder Die Beste aller Welten
- Voltaire oder Die Waffe des Geistes
- Kant oder Die Mündigkeit
- Hegel oder Der Fortschritt
- Feuerbach oder Die Sache mit Gott
- Marx oder Die Entfremdung des Menschen
- Schopenhauer oder Die Qual des Seins
- Nietzsche oder Die Hymne auf das Leben
- Heidegger oder Die Angst
- Jaspers oder Die Weltphilosophie
- Hannah Arendt oder Vom tätigen Leben
- Bloch oder Das Prinzip Hoffnung
- Popper oder Die offene Gesellschaft

Märcheninterpretationen auf Toncassette:
Dr. Mathias Jung im emu-Verlag

- **Hans mein Igel** oder Das verletzte Kind in mir
- **Der Froschkönig** oder Glück und Zähneklappern der Liebe
- **Der kleine Prinz** oder Mein verschüttetes Ich
- **Eisenhans** oder Wie ein Mann ein Mann wird
- **Schneewittchen** oder Das Drama des Neides
- **Des Kaisers neue Kleider** oder Sein und Schein
- **Siddharta** oder Das Rätsel des Lesbens
- **Das tapfere Schneiderlein** oder Mut zum Leben
- **Die Möwe Jonathan** oder Der Eigen-Sinn
- **Hänsel und Gretel** oder Die Ablösung von den Eltern
- **Der Fischer und seine Frau** oder Tödliches Schweigen
- **Das hässliche Entlein** oder Außenseiter
- **König Blaubart** oder Die Befreiung der Weiblichkeit